尾添椿

こんな家族なら、いらない。

イースト・プレス

こんにちは
尾添椿《おそえつばき》です
毒親から逃げ
現在の日本で使える
制度をすべて使い
絶縁しました
幼少期から
心理的虐待を受け続け
人生
……
おまえは家を継げ
血を守れ
本家の跡取り
婿を取れ子供を産め
虐待
「虐待されていた」
と認識するまで
20年余りを要しましたが

親元から逃げるように離れ
戸籍の分籍《ぶんせき》と
住民票の閲覧制限を行い
絶縁
住民票の閲覧制限と両親へかけます。××警察
引っ越し荷物
新戸籍
尾沫 椿
令和○月○日 ××区役所
平成○年×月×日
そこに至るまで
周りの人々に
助けられて
私は20代で
毒親から
逃げることが
できました
人生
現在は
漫画を描きながら
トラウマ治療を受ける
生活を送っています

今 自分が幸せを
感じるなかで
ふと思い出す
人々がいます
私の周りには
虐待を受けた友人・知人が多く
彼らは それぞれにつらさを抱えて
生きていました
過去の話と笑って話せる
友人もいれば
今もつらそうな人もいます

虐待を受けた子どもは
虐待した親と離れてから
どんな生活を送り
どんな大人に成長するのか
逃げられなかった人や
渦中にいる人は
どんな人生を歩むのか

避けられなかったもので
あふれた彼らの人生を
漫画にしてみようと思います
虐待された人の
周囲の人ができることを
考えたり つらい過去や
悩みを抱えている人の力に
なれたりしたら嬉しいです
うにゃ うにゃ

もくじ

この物語は実話ですが、人物の特定を避けるため
登場人物設定・出来事を事実から一部改変しています。
それに伴い、時代性や地域性の印象を大幅に変えない範囲で
年齢・居住地・勤務先を特定できない形で描写しています。
また、本作品には虐待や性暴力の実態を伝えるために
暴力表現や性犯罪の描写が含まれています。
フラッシュバック等症状のある方はご留意ください。
以上、あらかじめご了承ください。

第1章

毒親から逃れて

～うぶか～

＊PTSD＝心的外傷後ストレス障害（Post Traumatic Stress Disorder）。生死にかかわる危険な体験をしたり目撃したりすることで心の傷（トラウマ）を負い、後になっても苦しむこと。

心が疲弊しきっていて
自我が殺された状態で
生きてきた
結婚しないだろう?・
子供もできにくい体質なんだよな
家を継がせるための養子を取れ
あんた人工授精はどうなの?
体外授精を
血と苗字を守っていく
それがお前の使命だ
継ぐために産むのよ
こんな子恥ずかしい
殺してやる
Kill
My… child
＊詳しくは
『生きるために毒親から逃げました。』
をお読みください。
コレどうぞ
今後はトラウマ治療に入ります
トラウマ治療
クリニックにて受ける患者さまへ
トラウマ治療とは
ゴン
PTSDか…
そりゃあ
そうだよな…

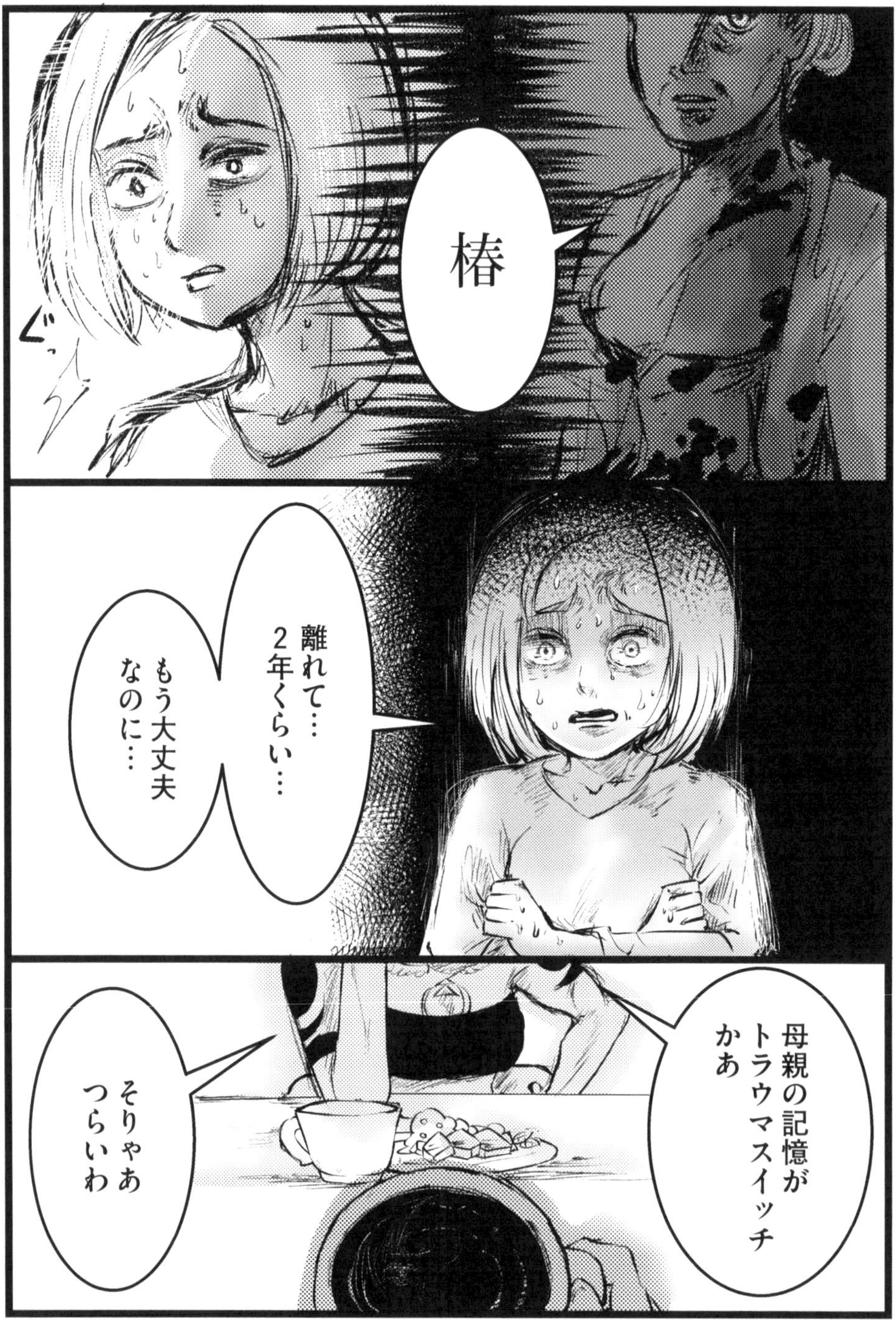
椿
ぐっ
離れて…2年くらい…もう大丈夫なのに…
母親の記憶がトラウマスイッチかあ
そりゃあつらいわ

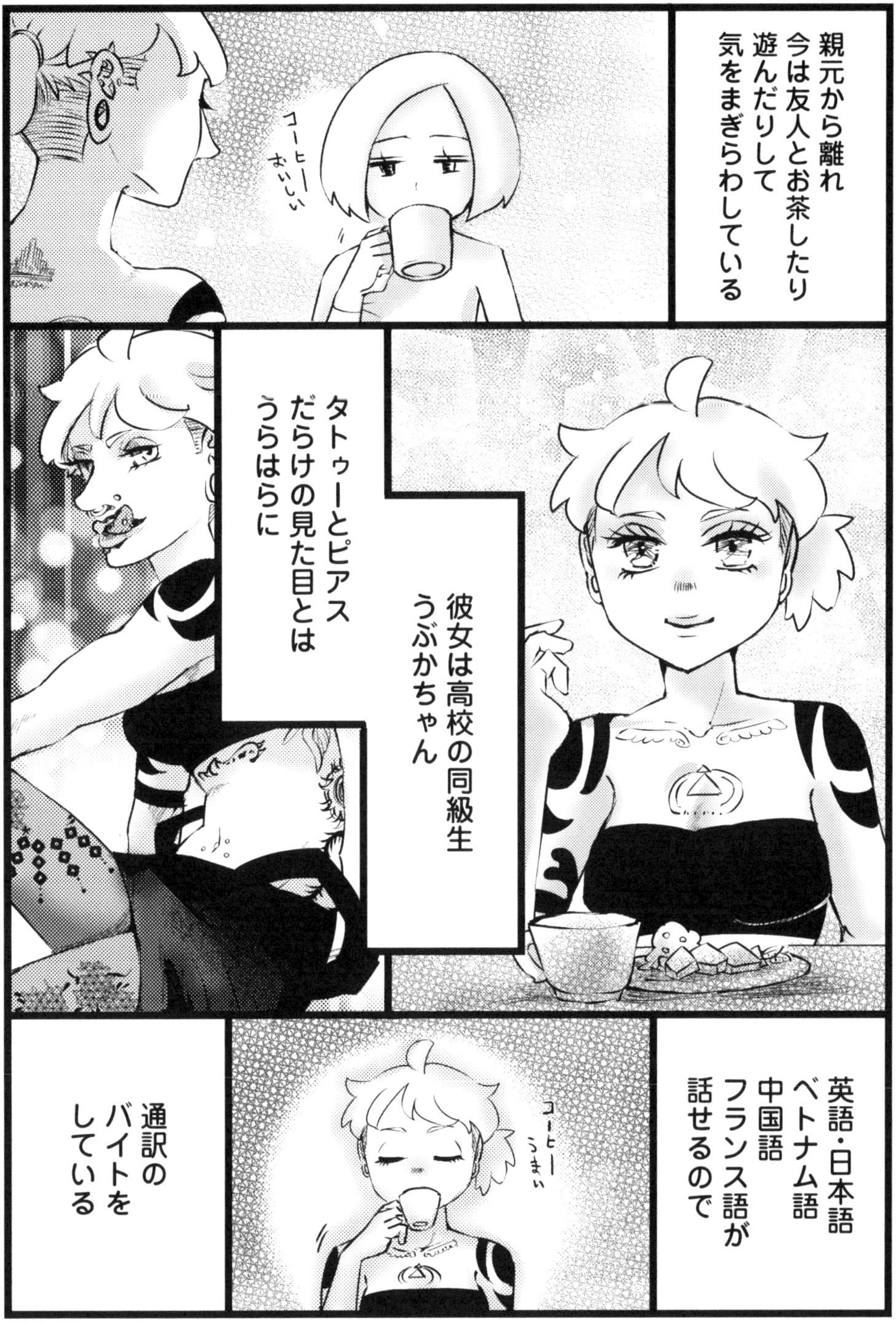
親元から離れ
今は友人とお茶したり
遊んだりして
気をまぎらわしている
コーヒー おいしい
彼女は高校の同級生
うぶかちゃん
タトゥーとピアス
だらけの見た目とは
うらはらに
英語・日本語
ベトナム語
中国語
フランス語が
話せるので
コーヒー うまい
通訳の
バイトを
している

出会った当時から明るい性格で
周りの中心になる子だった
元気でひょうきん
みんなから好かれやすい
一方で
とげとげしい
雰囲気を
まとった子だった
針持ってる？
ピアス取れたから
穴開けたいんだよね
うぶかちゃんは
自分のことを
あまり話さない子で
おみやげ？
私は買わなーーい
めんどいし!!
つかヘリウム
あるしカラオケ
行こーー!!!
生い立ちを知ったのは
ずいぶんあとだった

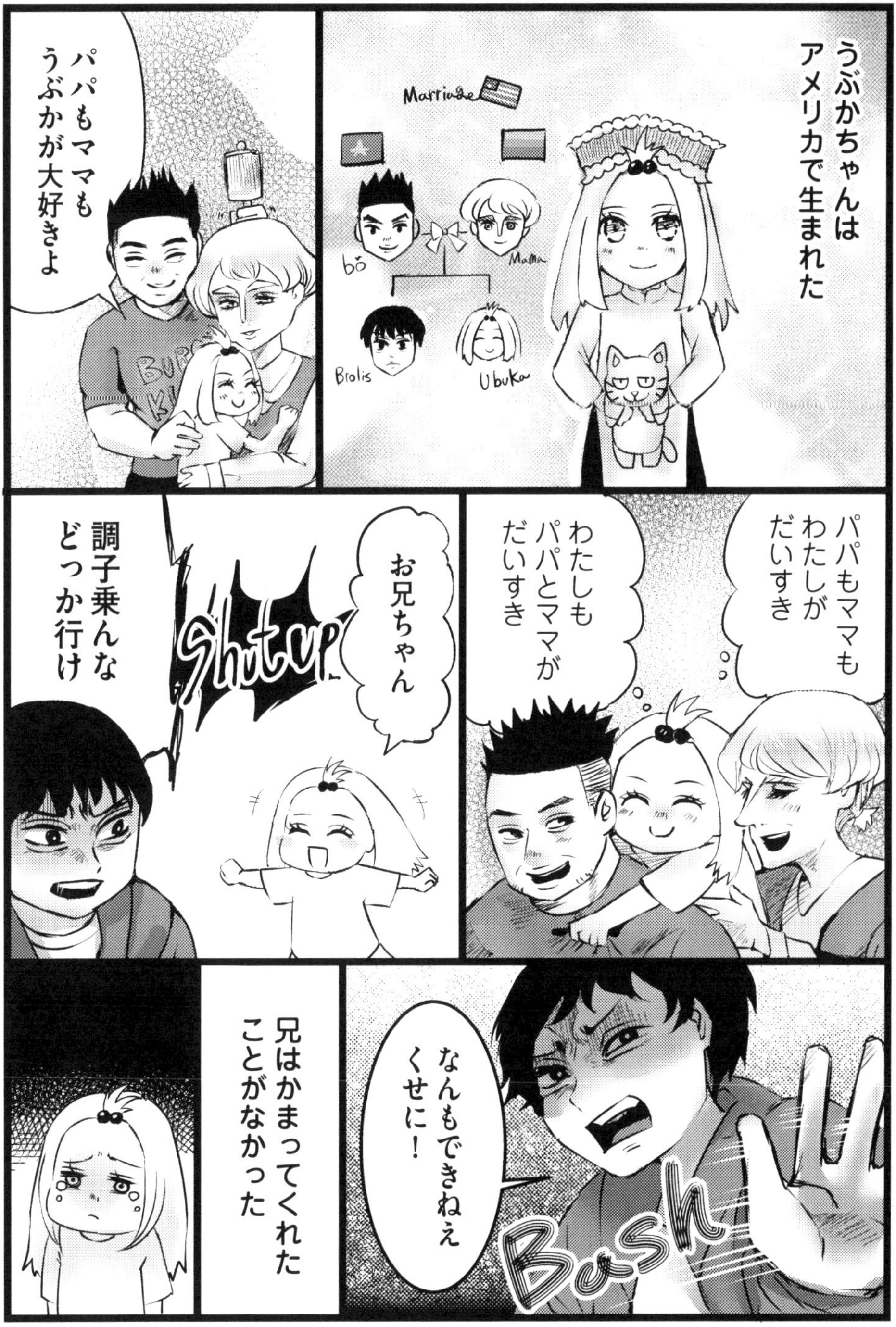
うぶかちゃんは
アメリカで生まれた
Marriage
Mama
Brolis
Ubuka
パパもママも
うぶかが大好きよ
パパもママも
わたしが
だいすき
わたしも
パパとママが
だいすき
お兄ちゃん
Shut up
調子乗んな
どっか行け
なんもできねぇ
くせに！
Bush
兄はかまってくれた
ことがなかった

お兄ちゃんは
どうして私に
冷たいの？
？
お兄ちゃんに
いじわる
言う気？
ネガティブな話は
聞きたくないわ
空気を暗くしないで
母は負の感情に
否定的だった
中学校に入学し
友だちもできた頃
Adiddis
兄が薬物乱用で逮捕される
両親が離婚
父とともに日本へ
日本には
お父さんの兄が
いるから

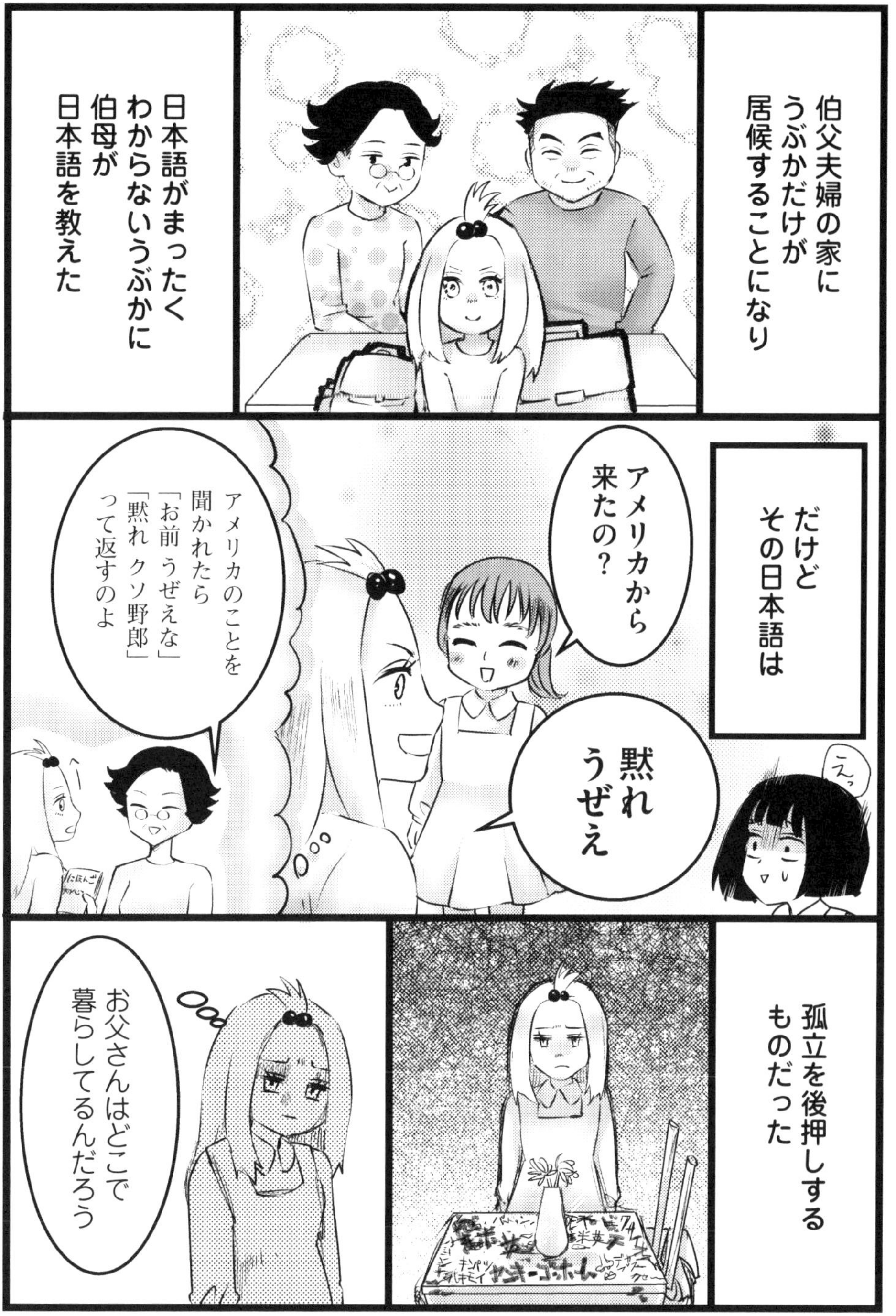
伯父夫婦の家に うぶかだけが 居候することになり
日本語がまったく わからないうぶかに 伯母が 日本語を教えた
だけど その日本語は
アメリカから 来たの？
黙れ うぜえ
えっ
アメリカのことを 聞かれたら 「お前 うぜえな」 「黙れ クソ野郎」 って返すのよ
孤立を後押しする ものだった
お父さんはどこで 暮らしてるんだろう

おい うぶか！
ニュース見ろ!!
にほんご 1年生
うぶか14歳の時に
父親が逮捕される
お父さん…
うぶかちゃん
落ちこんでる？
一緒に外行かない？
気晴らしになるでしょ
ぐすぐす
学校は
どう？
友だちは
できた？
…
いじめられてる
って
言いにくい
ネガティブな話は
聞きたくないわ
空気を暗くしないで
苦しまぎれに いじめられて
いることを打ち明けた

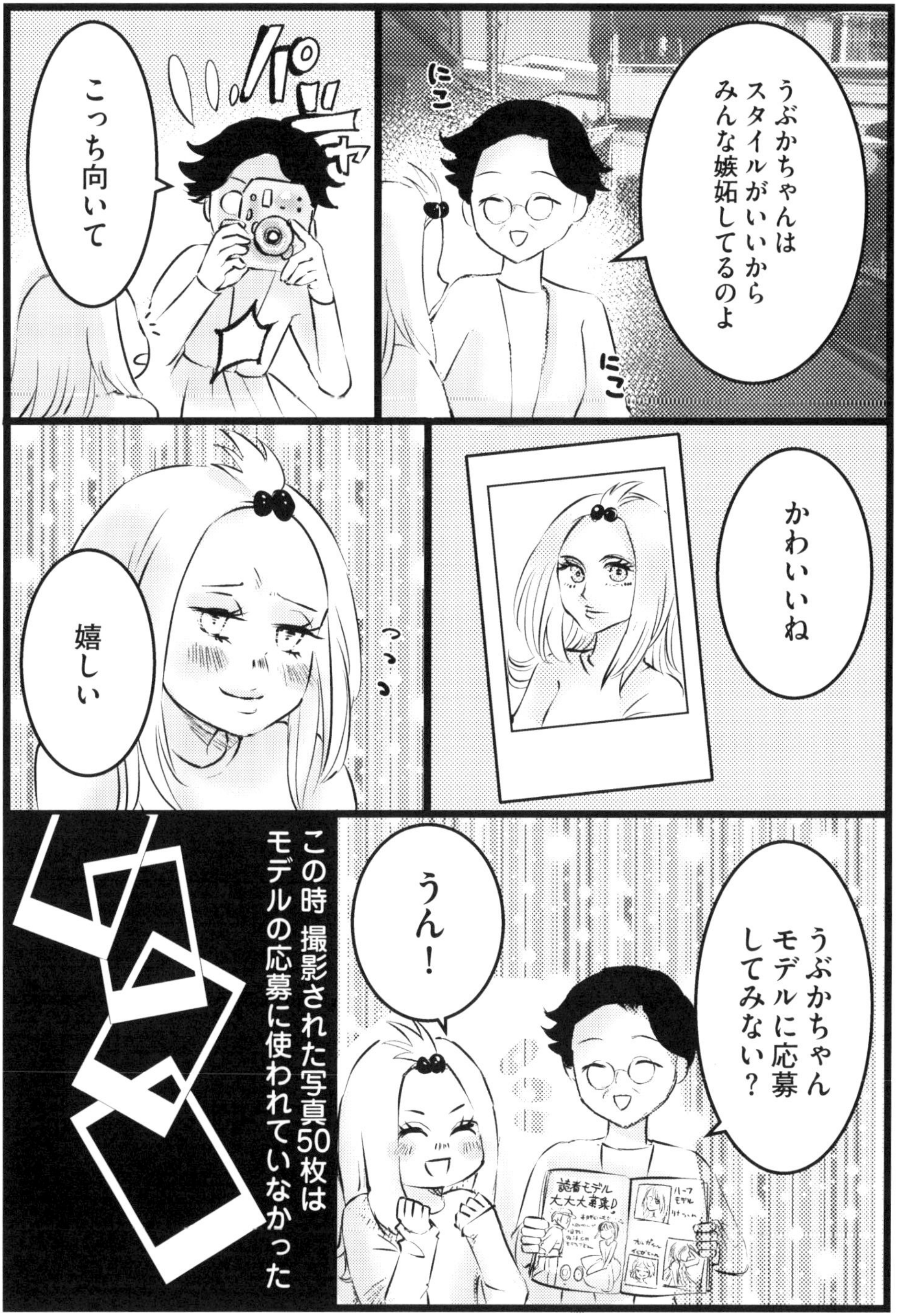
にこ
うぶかちゃんは
スタイルがいいから
みんな嫉妬してるのよ
にこ
こっち向いて
かわいいね
嬉しい
うぶかちゃん
モデルに応募
してみない？
うん！
この時 撮影された写真50枚は
モデルの応募に使われていなかった

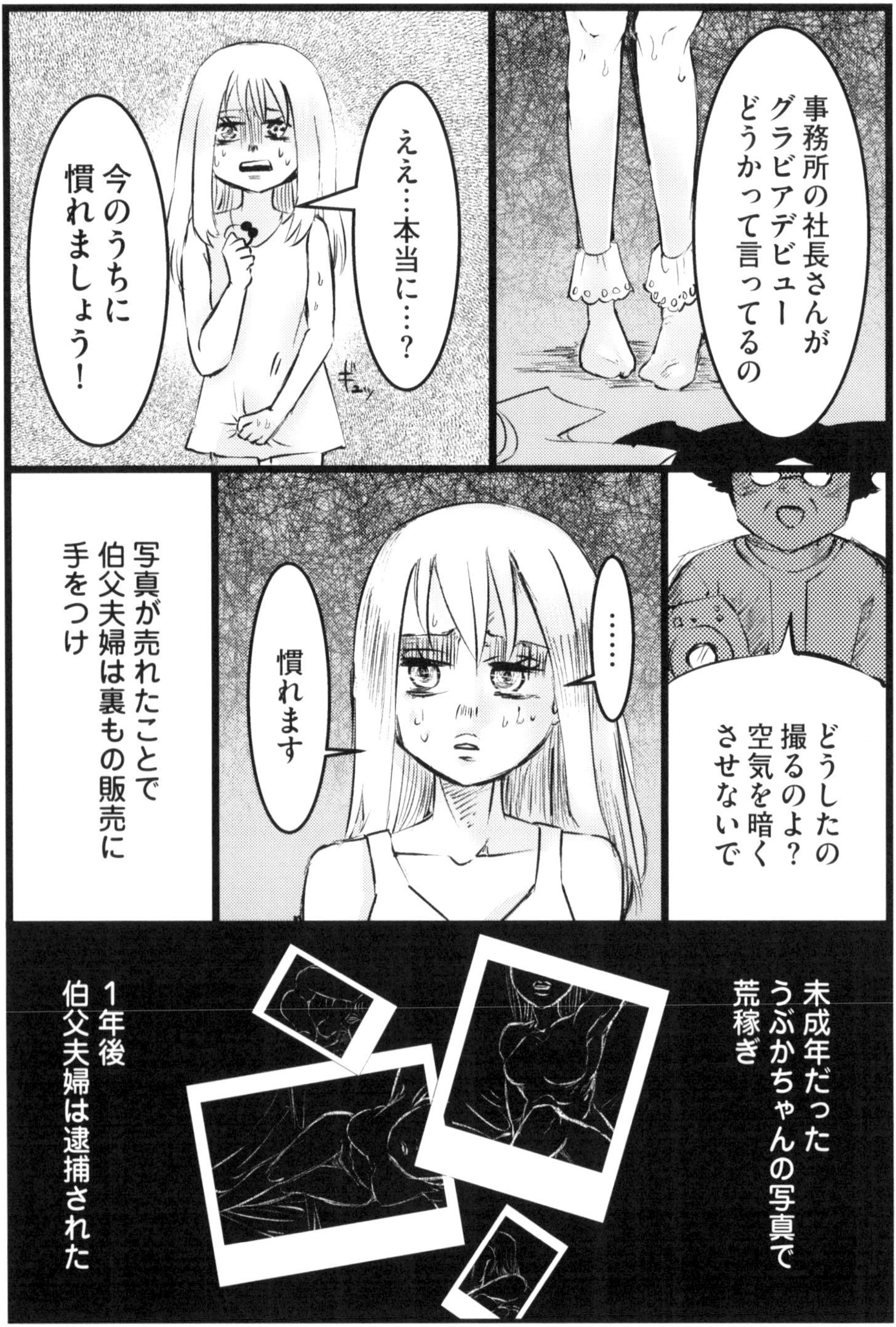
事務所の社長さんが
グラビアデビュー
どうかって言ってるの
ええ…本当に…?
今のうちに
慣れましょう!
どうしたの
撮るのよ?
空気を暗く
させないで
……
慣れます
写真が売れたことで
伯父夫婦は裏もの販売に
手をつけ
未成年だった
うぶかちゃんの写真で
荒稼ぎ
1年後
伯父夫婦は逮捕された

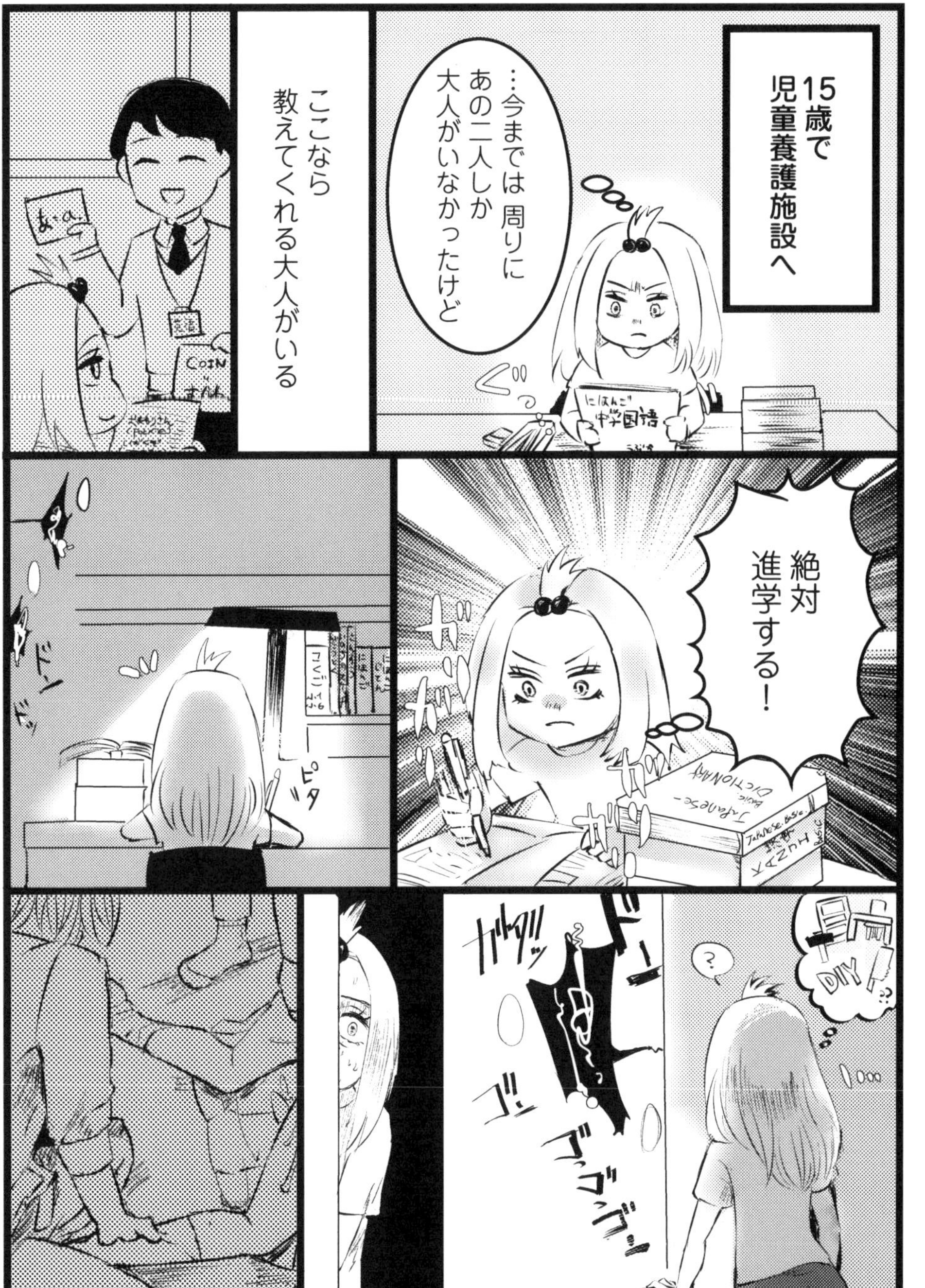
15歳で
児童養護施設へ
…今までは周りに
あの二人しか
大人がいなかったけど
ここなら
教えてくれる大人がいる
絶対
進学する！
ピタ
DIY

先生！
ぜは
ぜは
隣の部屋で女の子が…！
あー…
くす
それ放っておいていいよ
くす
くす
うぶかちゃん明日は日本語と数学のテストでしょ？早く寝なさい
大人は何をしてるの？

居場所なんて
最初からなかったんだ
ネガティブな話は
聞きたくないわ
街で知り合った人と遊び歩き
施設に戻らない日々を
くり返した
ただ 父や伯父夫婦の
ようになりたくない
という一心で
勉強だけは
続けていた

うぶかじゃない！
久しぶり
理解してくれる人が欲しくて中学3年の夏からお母さんと連絡を取りはじめた
お母さんのことは好きじゃない
でも話せる相手が欲しい
近区乃女子
語学高
高校に進学
ピアスすごいね
だろ？
学校では徹底的に隠してるけど
タトゥーも体中にあるんだよね

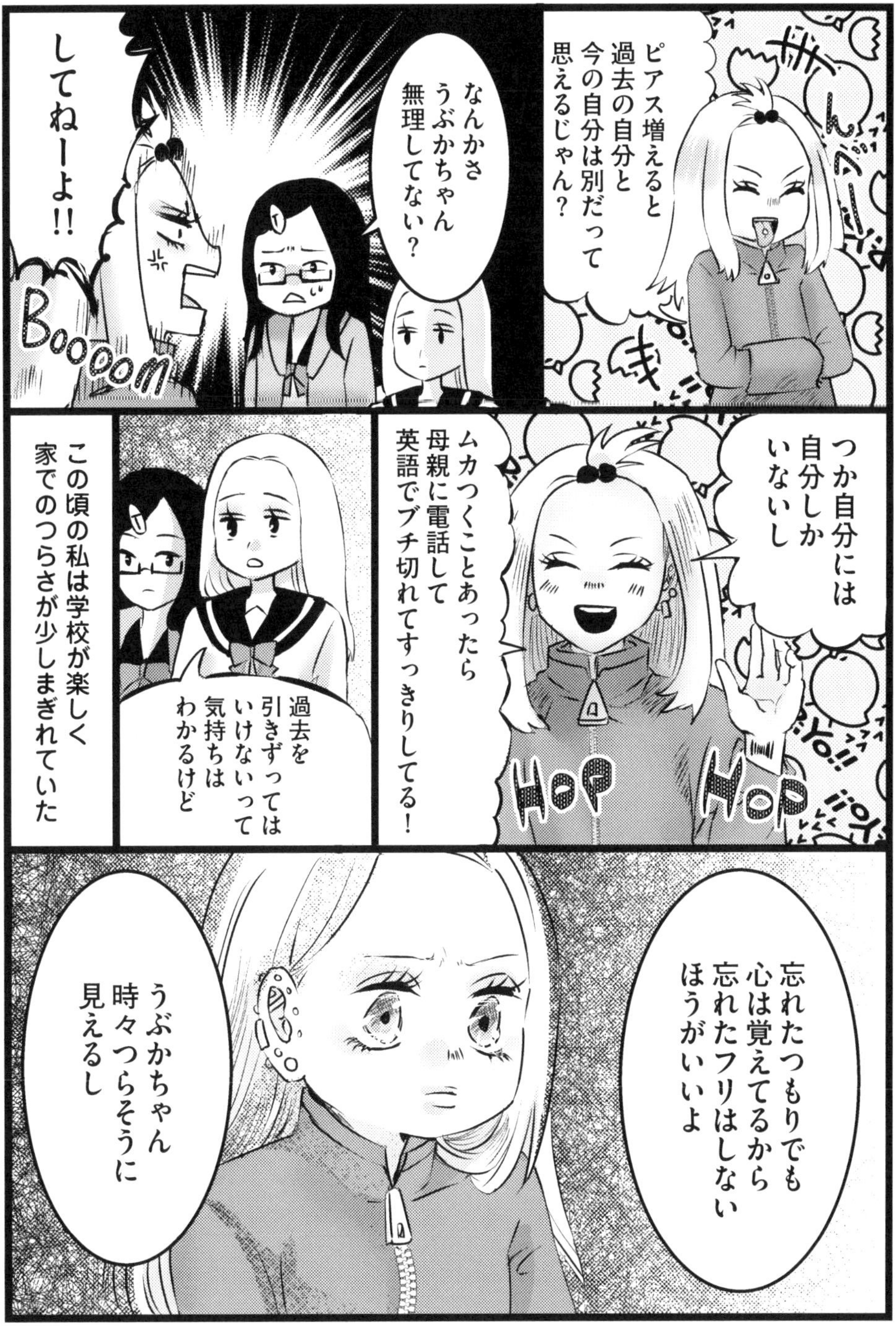
ピアス増えると
過去の自分と
今の自分は別だって
思えるじゃん？
なんかさ
うぶかちゃん
無理してない？
してねーよ!!
Booooom
つか自分には
自分しか
いないし
ムカつくことあったら
母親に電話して
英語でブチ切れてすっきりしてる！
HOP
HOP
過去を
引きずってはいけないって
気持ちは
わかるけど
この頃の私は学校が楽しく
家でのつらさが少しまぎれていた
忘れたつもりでも
心は覚えてるから
忘れたフリはしない
ほうがいいよ
うぶかちゃん
時々つらそうに
見えるし

つらいことは全部
笑い話なんだ
…って強がると
傷ついた
うぶかちゃんが
悲しんでる
なんで そんなこと
わかるわけ？
似たような経験
あったから
うん
うん
Where my father?
Sob
Sob
Mother... father...

うぶかちゃんはその時初めて内に秘めた思いを話した
つらかった
お父さんも伯父さんたちもいなくなったし
私は裸の写真を撮られてばらまかれて
あの写真が私だっていつかバレるんじゃないかって気が気じゃない
怖くて寂しかったのに誰も私の気持ちに気づいてくれない
高校1年の夏の出来事だった

同年 秋
旅行中の宿泊先
うぶか お母さん病気になったの アメリカに戻ってきて一緒に暮らさない？
ビザ必要だから…
どうして？ 今からでも戻ってくれればいいでしょう
あなたは私の子どもなんだから私と一緒にいて
お兄ちゃんだって今はお母さんを許してくれて一緒に暮らしてるのよ
what?
？
お兄ちゃんはお母さんのクスリを売ったから捕まったの
本当は悪いのはお母さんなのに身代わりをしたのよ！ 本当に親思いで良い子！

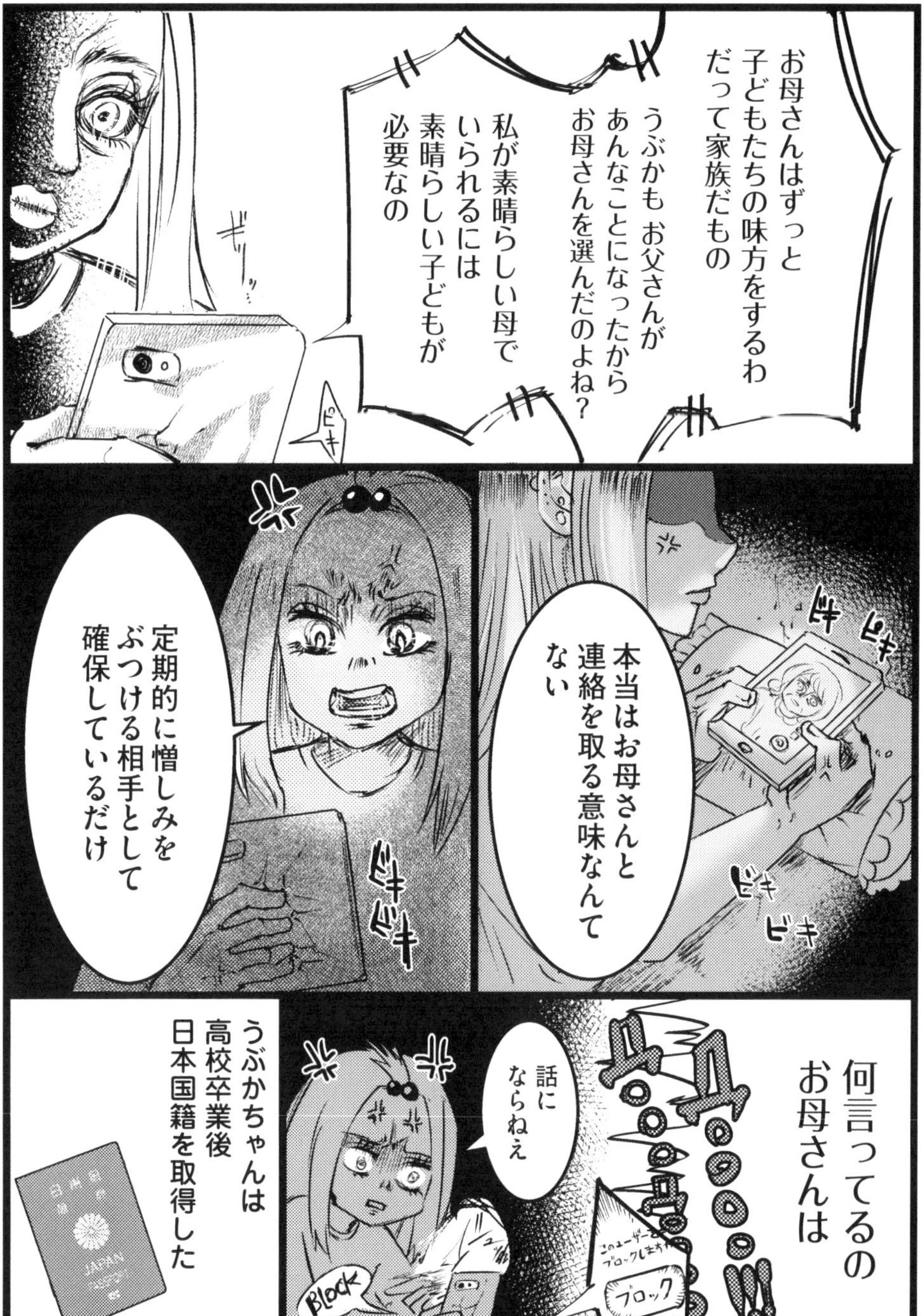
お母さんはずっと子どもたちの味方をするわ だって家族だもの
うぶかも お父さんが あんなことになったから お母さんを選んだのよね？
私が素晴らしい母でいられるには素晴らしい子どもが必要なの
ギリッ…
ピキ
本当はお母さんと連絡を取る意味なんてない
ピキ ピキ
ビキ ビキ
定期的に憎しみをぶつける相手として確保しているだけ
ビキビキ
何言ってるのお母さんは
話にならねぇ
ブロック
BLOCK
うぶかちゃんは高校卒業後日本国籍を取得した
JAPAN

ってこと
あったよねー
わははははは
母親と絶縁し
現在は友だち3人と
暮らしている
「家族を大事にする」
という考えに
支配されてて
親は子どもを産む時
大変だったから
子どもも親のために
人生を犠牲にするのが
当然って思いこんでた
心から嫌なことを
されたら憎んでいい
相手が親だろうが
血縁だろうが
憎いもんは憎いよ
Slouch
だよね…
我慢からは
憎しみしか生まれない
うん
うん

否定されて育つと自分の存在に自信を持てなくて消えてしまいたいって思うけど
人生で正しいのは自分だと思って生きることでだいぶ楽になった
昔の自分は話を聞いてくれる人が欲しくてあがいていたから…
あはは…
大人になってから気の合う友だちと暮らして今すごく癒やされてる
自分の嫌なところとか欠点とか…私は今でも認めたくないことだらけだけど
我慢や苦労を美徳にしても必ず幸せになるわけじゃない

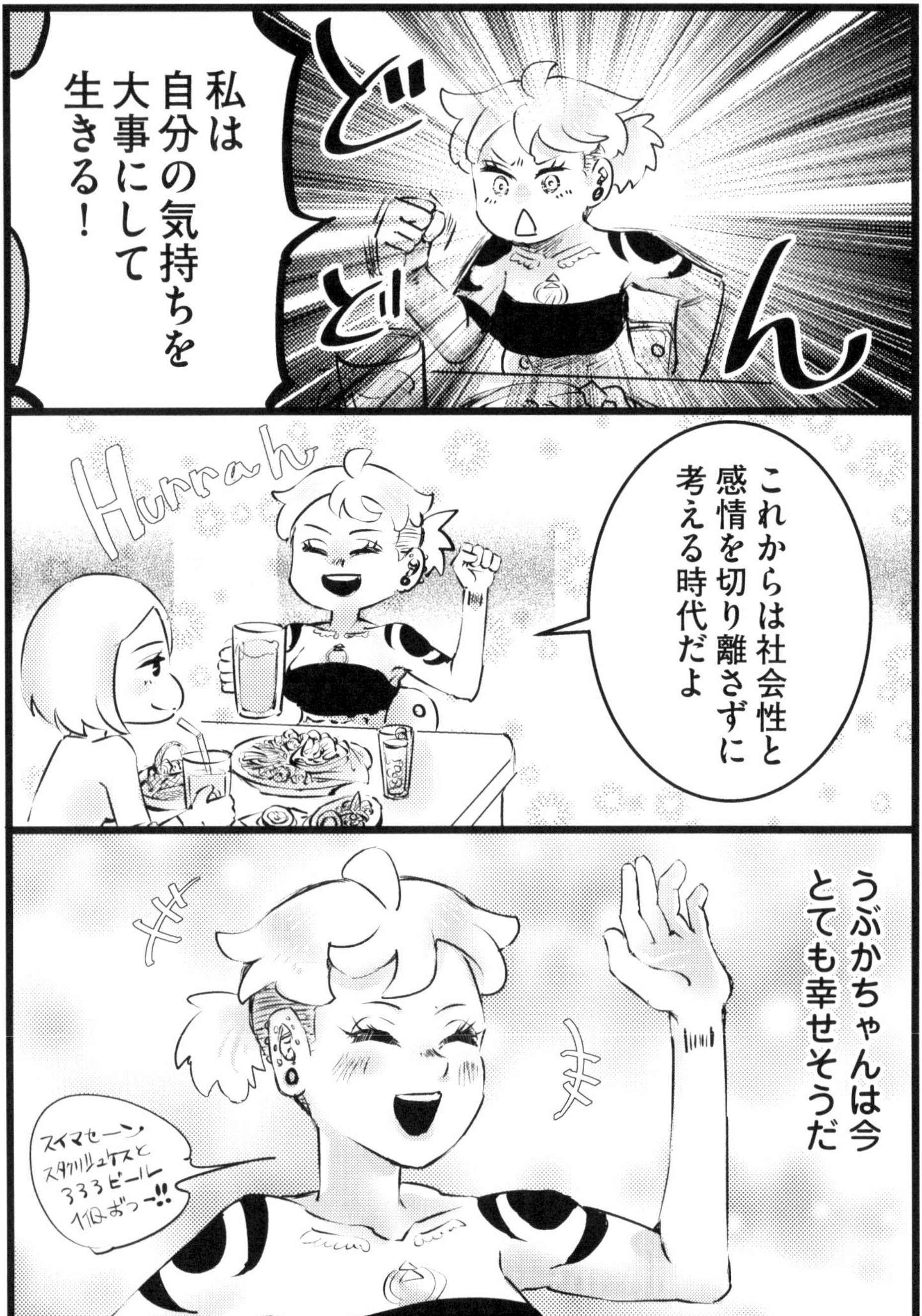
私は自分の気持ちを大事にして生きる！
どどん
Hurrah
これからは社会性と感情を切り離さずに考える時代だよ
うぶかちゃんは今とても幸せそうだ
スイマセーン スタクリュケスと 333ビール 1個おっー!!

私はまだ
自分の過去の記憶に
脅《おびや》かされてしまうけれど
自分に正直に生きるのが一番大事！
うぶかちゃんのように
明るさと素直さを失わず
生きていきたい

第2章

生きづらさを抱える

〜マユ・ハナヨ〜

トラウマ治療として尾添さんにはまず生活で困ったことがないかなど聞き取りをする心理療法をしていきたいと思います
何か気になったこと気づいたことはありますか？
あー…私なんか奇妙な症状があって
日用品の買い出しで特定のスーパーに行くと具合や機嫌が悪くなったりして…
自分のことも手つかずになって
部屋が汚くなったり倒れて眠ってしまったり…
それはどうしてか心当たりはありますか？
ないです

部屋が汚い時や倒れて眠る時の気分または関連して思い出すことはありますか？
…親と暮らしていた時ですね…
私の部屋は比較的モノが少なくて
ほどよく
スッキリ
モノを見つけやすいように整理整頓してあるけれど
母のベッド周りと父の私物が置いてある別の部屋と地下室はいつもゴチャゴチャしていました
Interial.
HOME
友だちの家も散らかってたらつい掃除を手伝っちゃう
友だちの家の掃除を手伝ったことがあるんですね
あります
あー…関連して今思い出しました
何を思い出しましたか？
小学生の同級生二人のことです

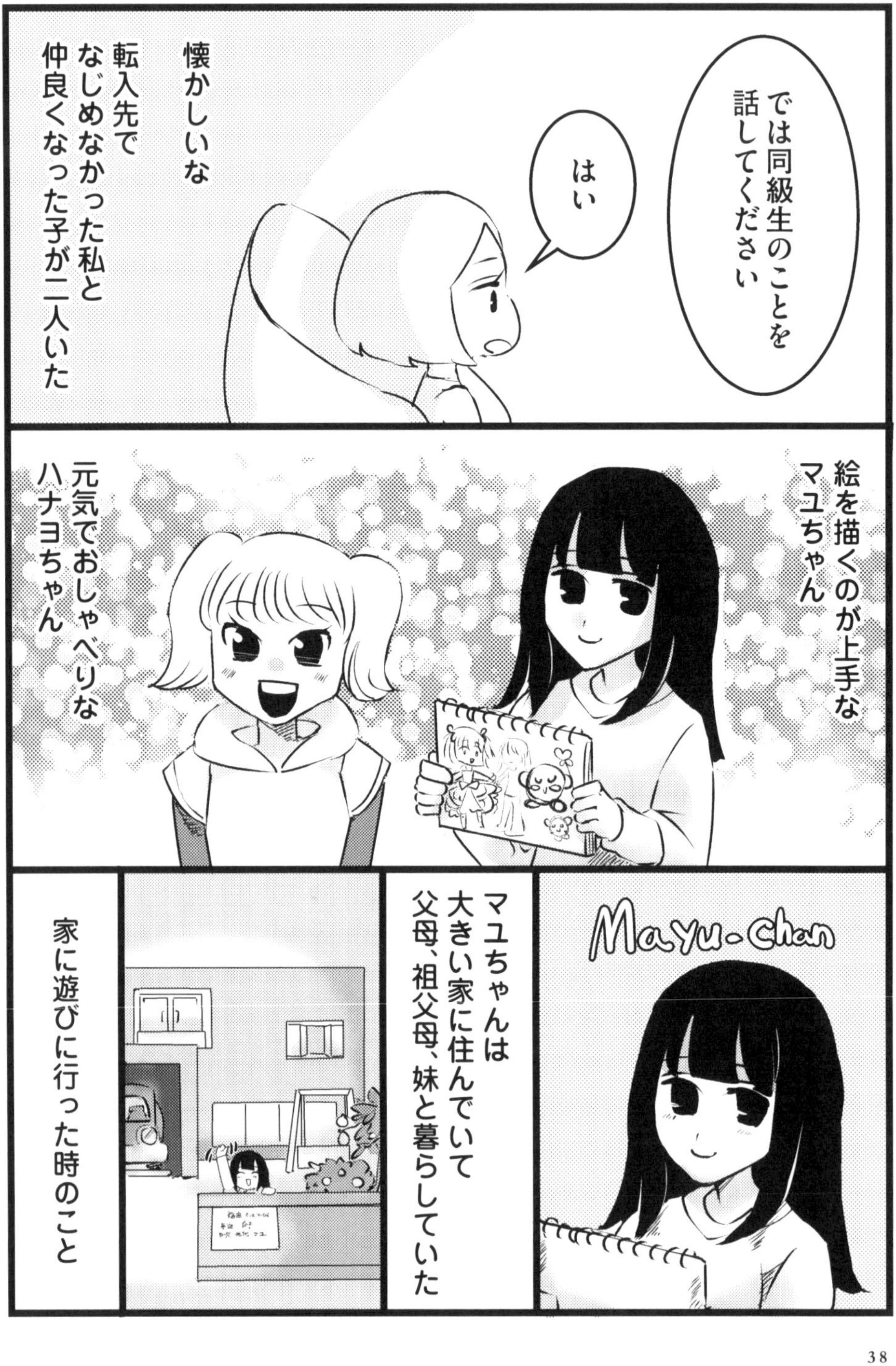
では同級生のことを話してください
はい
懐かしいな
転入先でなじめなかった私と仲良くなった子が二人いた
絵を描くのが上手なマユちゃん
元気でおしゃべりなハナヨちゃん
Mayu-chan
マユちゃんは大きい家に住んでいて父母、祖父母、妹と暮らしていた
家に遊びに行った時のこと

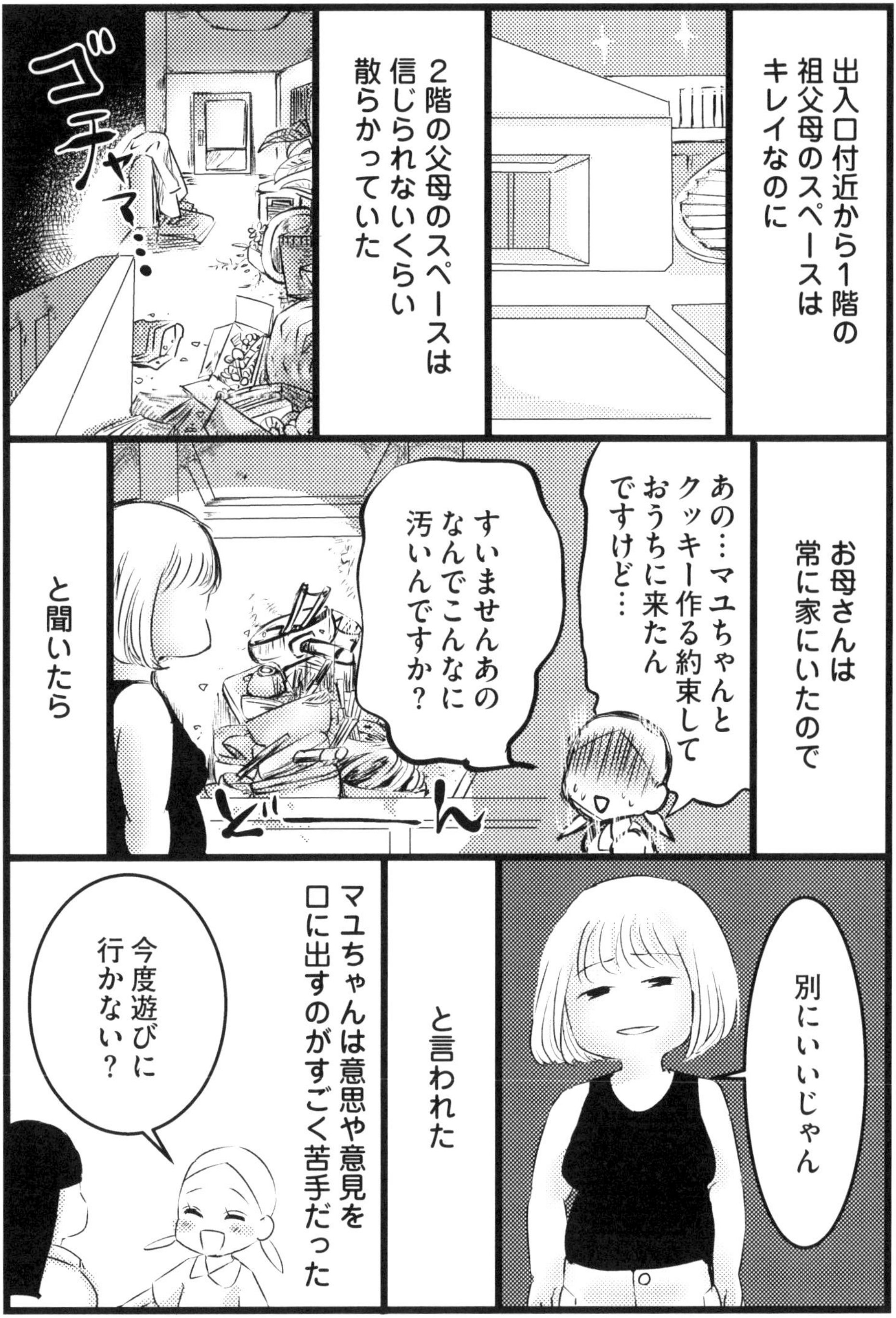
出入口付近から1階の
祖父母のスペースは
キレイなのに
2階の父母のスペースは
信じられないくらい
散らかっていた
ゴチャ…
お母さんは
常に家にいたので
あの…マユちゃんと
クッキー作る約束して
おうちに来たん
ですけど…
すいませんあの
なんでこんなに
汚いんですか?
どーーーん
と聞いたら
別にいいじゃん
と言われた
マユちゃんは意思や意見を
口に出すのがすごく苦手だった
今度遊びに
行かない?

椿ちゃんがいいなら
えっじゃあ明日行こ
うん
服買いに行こ！
おそろいで買わない？
うん
うん
やったぁ
自分の意見を自分の中でためこんで
クレープ食べよう
うん
IMAX
上映中
映画観よう
うん
もう嫌だっ消えて！死んで！
!?
うんって言ってたよね!?!
のちに大爆発させてしまう子だった

Hanayo-Chan
もう一人
ハナヨちゃん
すごく良い子だけど
ほかの子と仲良くしていると
怒ることがあり
ぐわー
うちとだけ
仲良く
してよ
友だちの行動を
制限しようとする子だった
ハナヨちゃんの家に
遊びに行った
ある日
ハナヨちゃんの
お姉さんに
声をかけられた

コレ吸ってみない？
タバコのおいしいやつ
自家製のは
体に良いよ
両親が
喫煙していた
私は
「自家製」の意味も
すぐに理解した
吸いません
ハナヨちゃん
おは…
スッ…
しーん
次の日から
無視が始まった

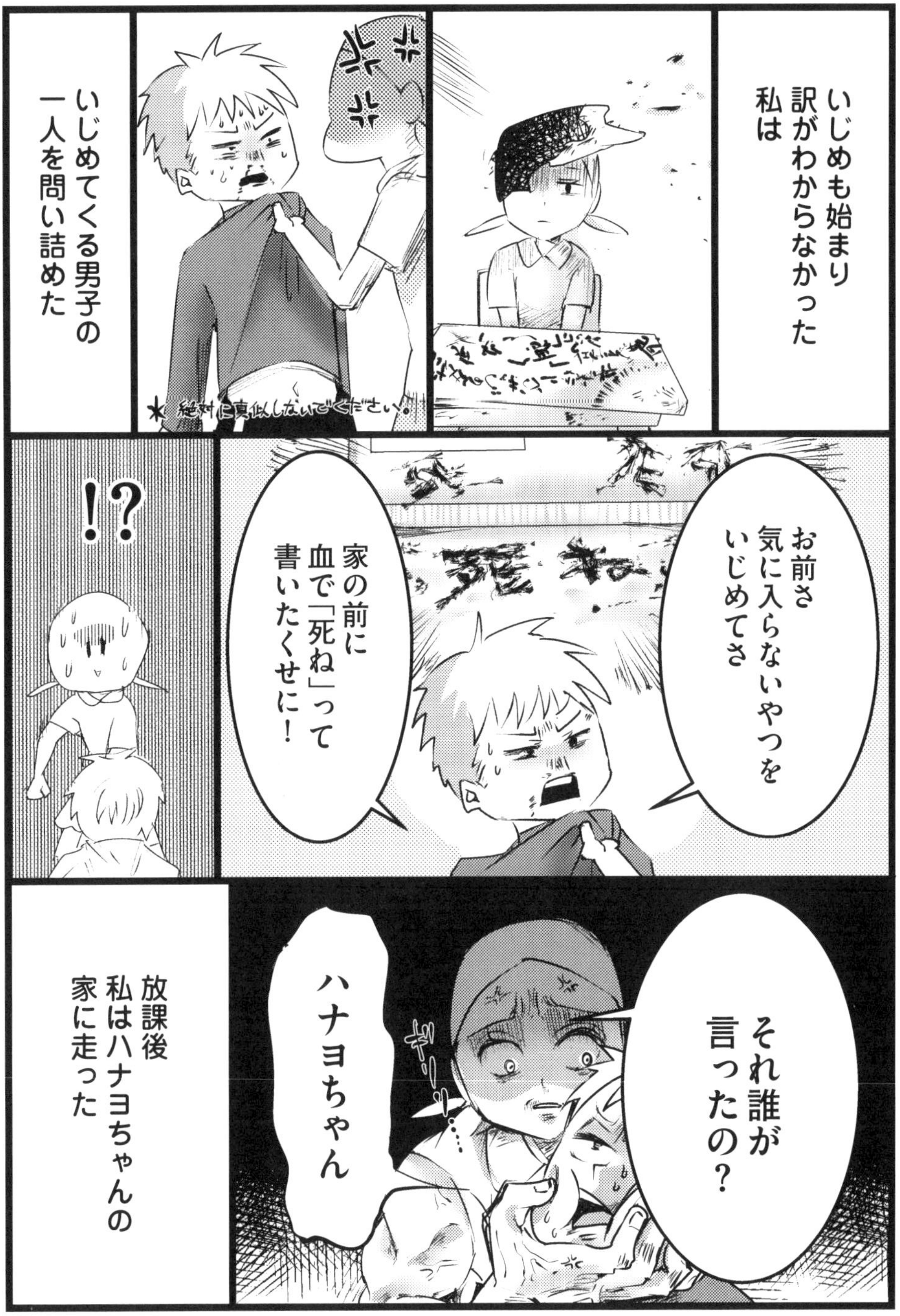

いじめも始まり
訳がわからなかった
私は
★絶対に真似しないでください。
いじめてくる男子の
一人を問い詰めた
お前さ
気に入らないやつを
いじめてさ
死ね
家の前に
血で「死ね」って
書いたくせに!
!?
それ誰が
言ったの?
ハナヨちゃん
放課後
私はハナヨちゃんの
家に走った

そういう噂がある
って うちの子から
聞きました
ハナヨは悪く
ありません
悪い噂がある
椿ちゃんと
ハナヨは仲良くして
あげてたのに
被害者ぶるな！
ギャーギャー
ギャーギャー
……
ハナヨちゃんと
お姉さんが
作り話を広めていた
椿んち
大麻売ってんだって
だからあいつ
タバコくせーんだよ
ヒソヒソ
親が人殺して
今は刑務所
椿は少年院
入るんだって
ヒソヒソ

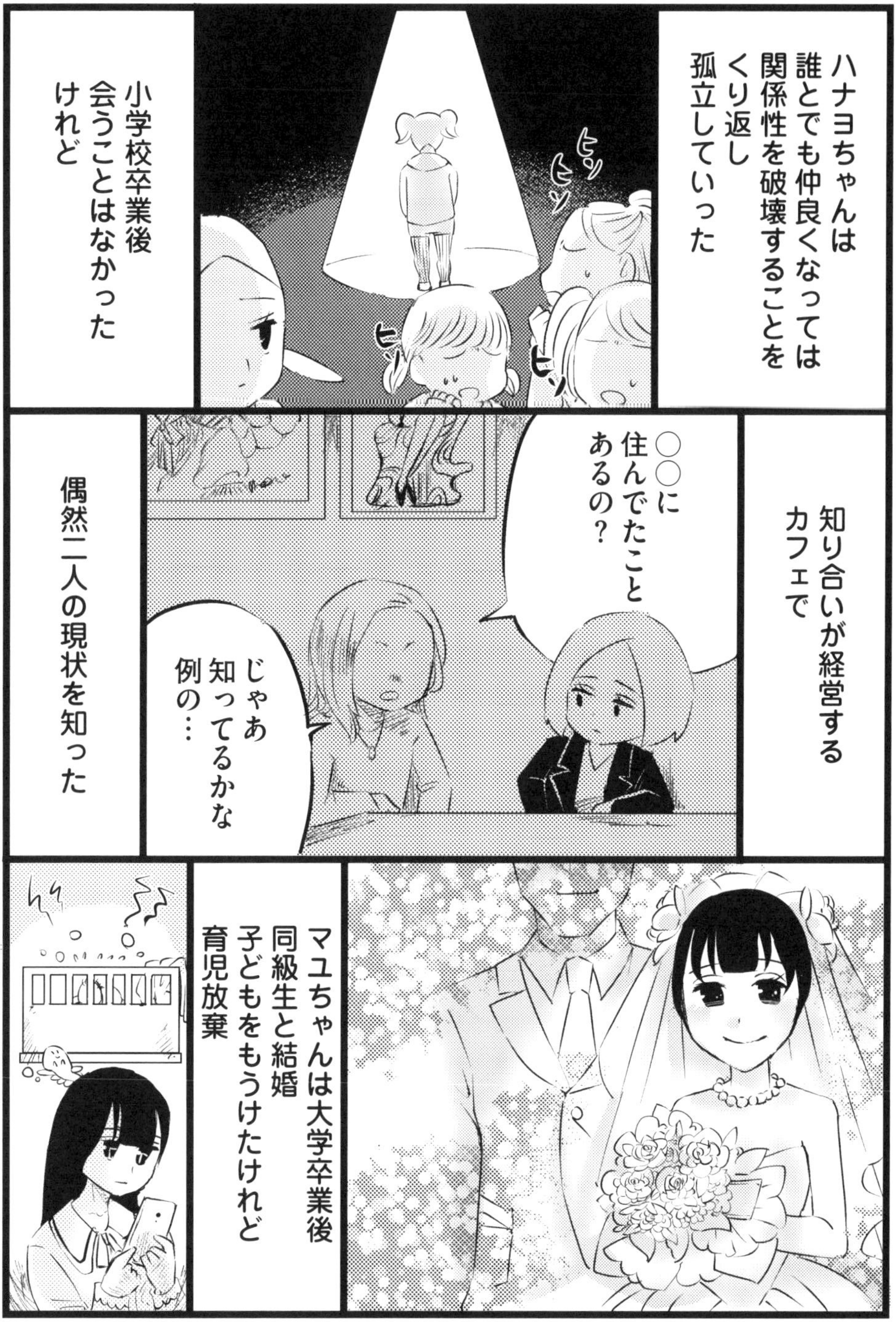
ハナヨちゃんは
誰とでも仲良くなっては
関係性を破壊することを
くり返し
孤立していった
小学校卒業後
会うことはなかった
けれど
知り合いが経営する
カフェで
○○に
住んでたこと
あるの？
じゃあ
知ってるかな
例の…
偶然二人の現状を知った
マユちゃんは大学卒業後
同級生と結婚
子どもをもうけたけれど
育児放棄

ダンナと別居し
ゴミ屋敷化した実家に
子どもを連れて帰るものの
数か月後
ダンナの家の前に子どもを
置き去りにしたと聞いた
オギャーッ
ギャー
オギャーッ
一方 知的な障害を持つ
自身の娘ハナヨちゃんを
風俗に斡旋《あっせん》したとして
ハナヨちゃんの
お母さんが逮捕
ハナヨちゃんは
保護されたものの
マユちゃんと一緒に
覚せい剤を使用し
二人とも逮捕された
——という二人を
思い出しました
なかなか壮絶な
同級生ですね…

家のこと 同級生のこと
関係がないふたつの話の
ように思えますが
尾添さんの中では
「部屋が散らかっている」
ことが嫌なことを
思い出すきっかけに
なっているかも
しれません
家の生活スタイルの
思い出
そこから連想する
同級生の話をして
気分はどうですか？
ぐぬぬ
良くないです
では
深呼吸しましょう
すーはーすーはー
具合はどう
ですか？
すーはー
すーはー
具合悪いの？
近くで
何か食べて
待ってなさい
荷物多いのに
一人だけ帰るつもり？
す…

いつも気分が悪くなるスーパー…
母親と買い物をしていたスーパーに内装がそっくりです
なるほど
今の気分はどうですか?
……
…母とスーパーで買い物中にパニックを起こしたことがあって
恥ずかしいことしないで!
って言われて感情にフタをした時の気分です
そのフタはもう取り払っていいんですよ
はい…
スーハー
スーハー
スーハー
スーハー
落ち着きました
ME~

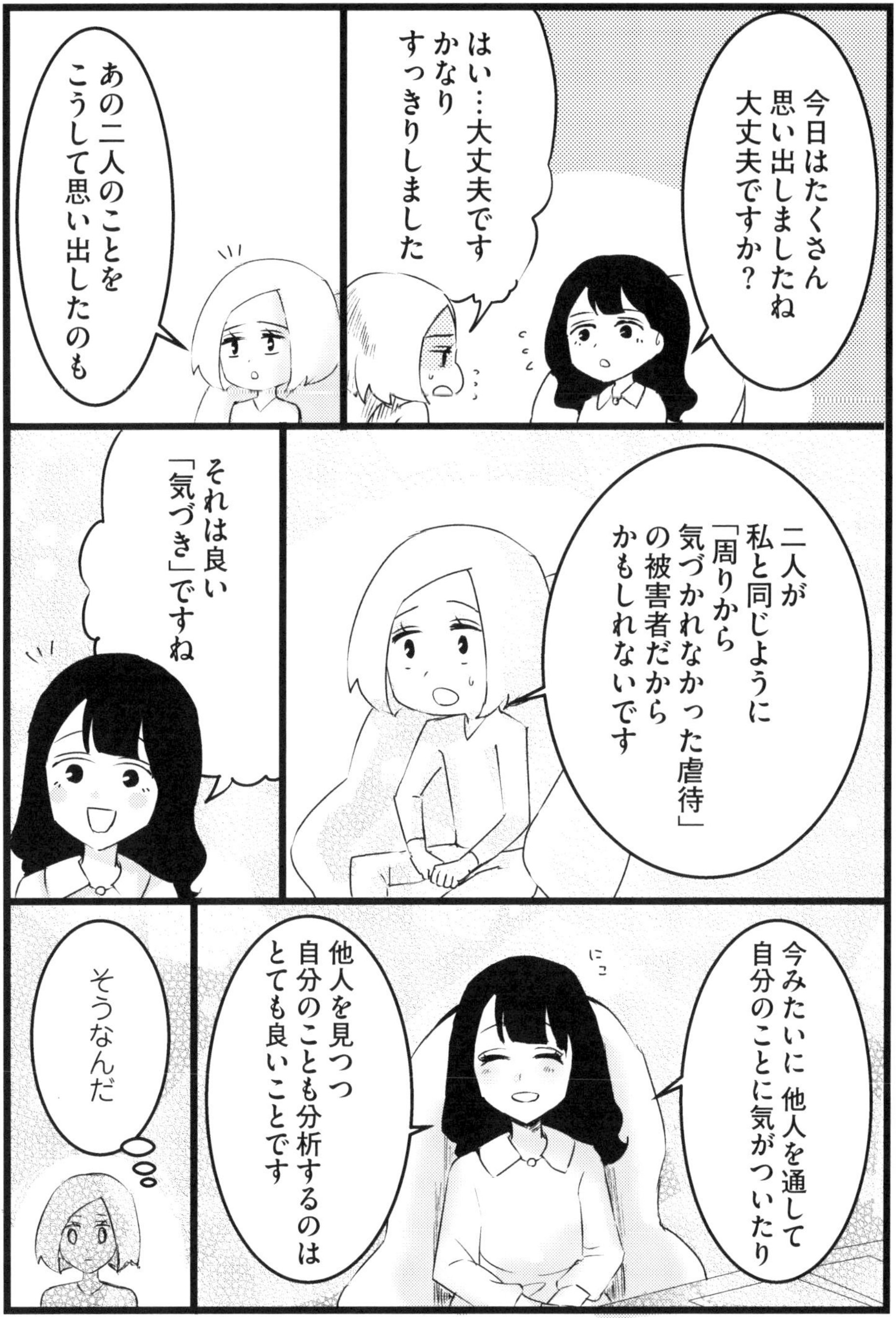
今日はたくさん
思い出しましたね
大丈夫ですか？
はい…大丈夫です
かなり
すっきりしました
あの二人のことを
こうして思い出したのも
二人が
私と同じように
「周りから
気づかれなかった虐待」
の被害者だから
かもしれないです
それは良い
「気づき」ですね
にこ
今みたいに 他人を通して
自分のことに気がついたり
他人を見つつ
自分のことも分析するのは
とても良いことです
そうなんだ

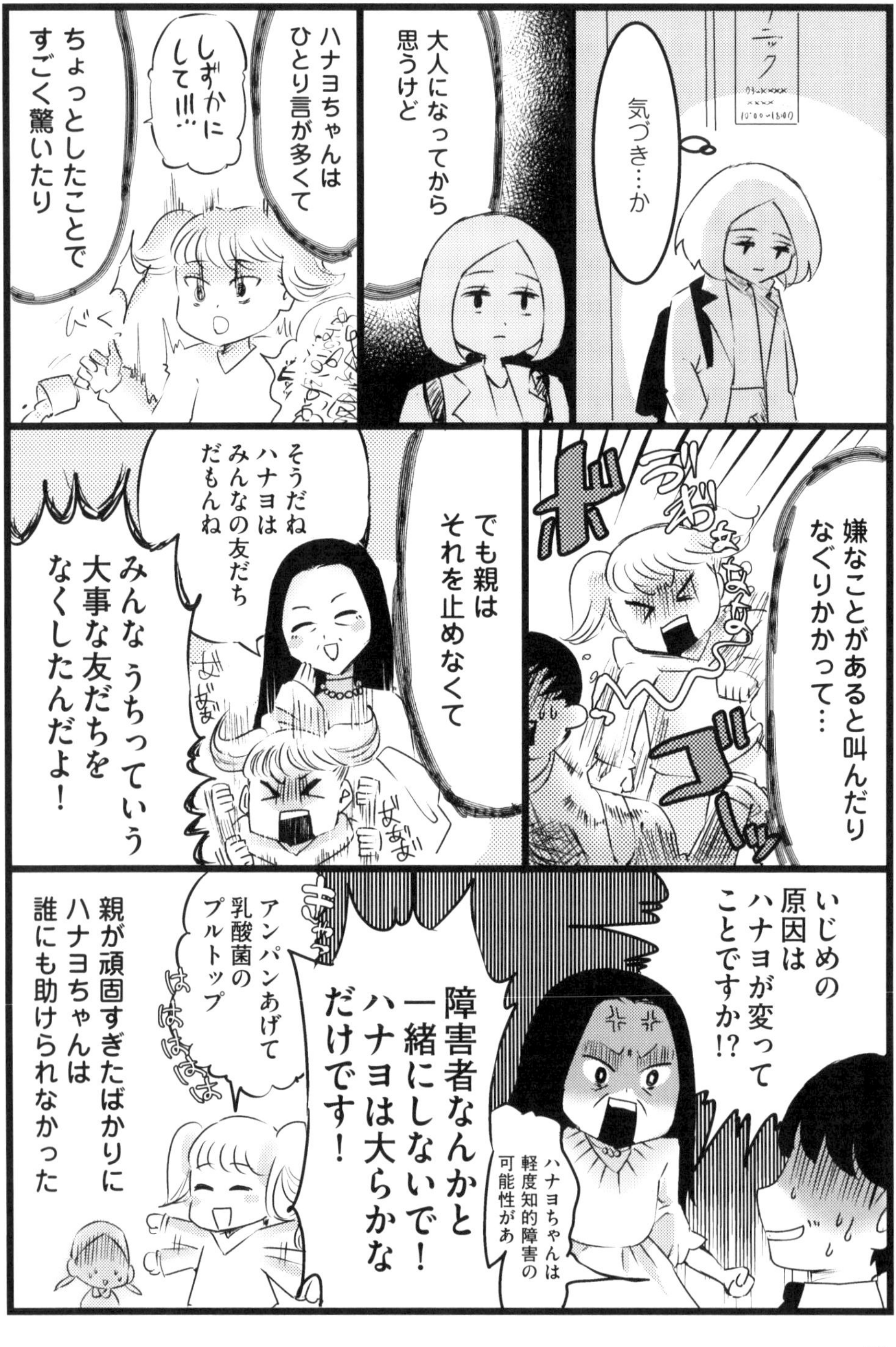
気づき…か
大人になってから思うけど
ハナヨちゃんはひとり言が多くて
しずかにして!!!
びくっ
ちょっとしたことですごく驚いたり
嫌なことがあると叫んだりなぐりかかって…
ゴッ
でも親はそれを止めなくて
そうだねハナヨはみんなの友だちだもんね
みんなうちっていう大事な友だちをなくしたんだよ！
いじめの原因はハナヨが変ってことですか!?
障害者なんかと一緒にしないで！ハナヨは大らかなだけです！
ハナヨちゃんは軽度知的障害の可能性がぁ
アンパンあげて乳酸菌のプルトップ
ははははは
親が頑固すぎたばかりにハナヨちゃんは誰にも助けられなかった

マユちゃんは…たぶん遺伝的にADHD＊特性が強くて
father
Mother
私の家族は生まれつき頭がいいの〜！掃除なんかしなくても死なないの〜！
えっでもここカビ…
キェエーーッ
マユちゃんの親も明らかに普通ではなかった
マユちゃん最後にお風呂入ったのいつ？
おととい…？
くさい…
特性なのかもしれないけれど一種のネグレクトだったのは間違いないだろう
おなかすいたらコレたべてる
朝ごはん？食べたことないよ
カロリー
どんっ
家族みんなが特性を理解して必要な対処をしていれば
マユちゃん自身もネグレクトをせずに済んだかもしれない

＊ADHD＝「注意欠如・多動症」と呼ばれる発達障害のひとつ。

ハナヨちゃんの家は父親が状況を把握できていたようだけれど
ケンカしたとか勉強も上手くいかないってパパに話すとね
「ハナヨは別の学校に行かせろ」って言うの
「足し算できない子が行く学校だ同じになってほしくない」って
ママは何度でも怒ってくれる！
にこ にこ
勉強しなくても生きていけるんだよ
ハナヨ こくご 31
さんすう 0
ハナヨ
毎日オシャレして結婚すればいいってママが言ってた!!
にぱ
母親の無理解が 状況の悪化に拍車をかけていたように思える
お姉ちゃんはママが働いてた会社で仕事してるの
会社の人と会ったらね刺青あってかっこよかったあ
にこ
にへ
母親が自分の過ちを認めていれば
ハナヨちゃんの未来は違ったかもしれない
♪

「家庭のことは家庭の中で解決をする」という暗黙の了解はまだ存在している
家庭のことは
家庭で解決
外に出すのは
恥
恥
恥
親自身も自覚していない虐待は周囲にも気づかれない
明るみに出てはじめて虐待だと知る例も少なくはない
親にも事情があったとして
それが子どもの人格を間違った方向に導いていい理由にはならない
くり返される必要はないんだから

第3章

毒親に育てられて

～竹中～

トラウマ治療の基礎となる過去の記憶をうかがいます
両親はどんな人でした？
カウンセリングカルテ
父は喜怒の差がすごくて 母は…
私が小さい頃は優しい人でした
ぼや〜っ
どんな家庭で育ちました？
普通の家庭だったと思います
小学生になると命令をきかないと置いてくとおどされたり どなられたりして毎晩泣いていました
暴力を受けたりは
してないです
ふる ふる
カリ カリ
他人がなぐられたりケガをしているのを見るとどう思いますか？
実は楽しいと感じてしまうんです

それはどうしてかわかりますか？
うーん…5歳くらいの時に公園で遊んでたら…
なわとび れっしゃ
ピタ
ズザッ
痛いよおお
ヴぉー！
ぎゃ〜
うわ〜〜ん
バタ
じわ
バタ
見た瞬間「楽しい おもしろい もっと泣き叫べ」と思いました
その時 虐待は…
「言うこときかないと置いていく」とおどされてました
なぐるけるはなかったです

精神的虐待の痛みは可視化できないから
こころ
見てわかる痛みにふれて安心したのだと思います
それはいつ感じたことですか？
高校の頃です
どうして高校の頃に感じて気づいたか思い出せますか？
…
私の家に勤めていた女性のことがきっかけでした
はっ
その方はどんな人だったか話してください
はい
元実家に勤務していた竹中さん

元実家は 複数の
不動産経営をしていて
その中のひとつに
竹中さんは勤務していた
仕事ができる人で
雑務もやってくれた
おしゃれな身なりで
実年齢に合わないメイクと
服装をしていることを
なにあの
色キ◯
と母は言っていたけれど
私は竹中さんが好きだった
漫画好きなの？
私もよ
コレオススメなの
明るくて話しやすい竹中さんと
漫画や映画の話で
頻繁に盛り上がっていた
絵を描くのが
好きなのね！
趣味があるのは
素敵なことよ
描くことを
応援してくれた人だった

私が育った田舎は娯楽もないし
今みたいに
ネットもなかったから
椿さんのように
生まれ育ちが都会だったら
良かったのに
「都会に生まれたかった」が
竹中さんの口グセ
何かに没頭
できるって
すごいことよ
私の周りに
趣味がある人は
いなかったの
好きなことがあれば
人生は良いものに
なるからね
だから息子には
大学へ行って
たくさんのことを
学んでほしいの
ダンナは高卒で就職して
私も学歴がなかったから
苦労した
子どもが生きていく
世界を広げて
可能性と将来の選択肢を
多くしてあげるために
大人はいるはずだから…
パラ…
そう語る竹中さんの顔が
険しかったのを
今でも覚えている

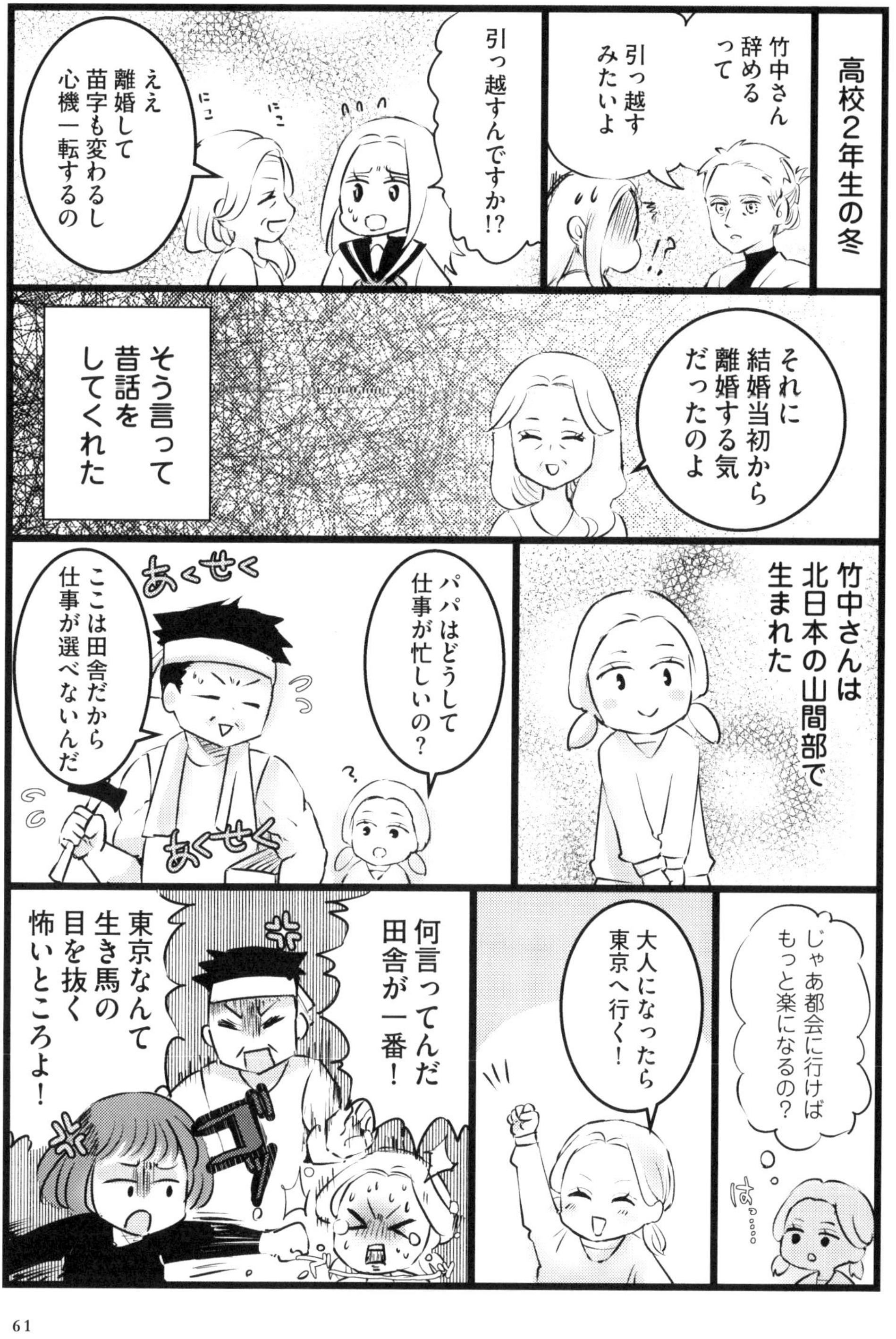
高校2年生の冬
竹中さん辞めるって
引っ越すみたいよ
引っ越すんですか!?
にこ
にこ
ええ
離婚して苗字も変わるし心機一転するの
それに結婚当初から離婚する気だったのよ
そう言って昔話をしてくれた
竹中さんは北日本の山間部で生まれた
パパはどうして仕事が忙しいの?
あくせく
ここは田舎だから仕事が選べないんだ
あくせく
じゃあ都会に行けばもっと楽になるの?
はぁ……
大人になったら東京へ行く!
何言ってんだ田舎が一番!
東京なんて生き馬の目を抜く怖いところよ!

将来《しょうらい》の夢《ゆめ》
国語 作文
みんなの夢ってなあに？
パイロット！
野球選手！
電車の運転手！
お花屋さん
おかし屋さん
竹中さんは？
パティシエ！
なれるかどうかは別だし書いてみれば
この時の教師の冷たい目と作り笑いは今でも覚えているらしい
将来はパティシエになりたい！
にこにこ
何言ってるの？女の子はお嫁さんにしかなれないのよ
くすくす
お嫁さんって書いておけばいいのに見栄はってかわいくない子ね

なんでそんなこと言うの？
田舎なんて嫌だ！
ザッ
竹中さんは中学校に上がると猛勉強し満点を取るようになった
ガリガリ
勉強して奨学金で大学に行く！
100
98
学年1位とった！推薦で進学校に行けるかも！
やったー
全国模試
あんたさぁ～そんなに勉強して何になるの？
女を雇うとこなんて都会にしかないわよ わざわざここを出るわけ？
じとっ
母は「勉強する女」を嫌っているように感じた
隣の家のヨシくん高校卒業して今お祝いしてるって
あんたも息抜きに行ってきなさい！
英語II
ヨシくん…ほとんど話したことないけどいいのかな？
おめでとー
みんな飲んで飲んで！
ワイワイ
ガヤガヤ
イチャイチャ
いえーい
カンパイしよー

あれっ お酒!?
ゴクッ
この時 竹中さんは 中学3年生
お酒で意識をなくしたあとに 自分の身に起きたことを 理解できる年齢だった
お母さん 助けて
あら ヨシくんと やっちゃったの?
泣いてないで 前向きになりなさい
傷モノだと誰も 相手にしないんだから ヨシくんと結婚 すれば?
なで
なで
お母さん… 助けてくれないの…?
竹中さんの進学は 夢と消えた
ヨシくん 社会人になると同時に 嫁さん持ちか!
立派ねぇ

ダンナも
この田舎も大嫌い
この子には…
同じになってほしくない
遊ぶのは
あとに
しなさい
勉強しなさい
絶対に
大学へ行くのよ
勉強して
世界を広げてほしい
見えているものだけが
すべてではないと
学んでほしい
有名大学
都会
NY
ひどい教育ママだと
恨まれてもいい
塾ばっかりで
みんなと
遊べないよ
ダンナと同じに
なってほしくない

T大 合格発表
合格だー!
おめでとう!
俺も地元で一番の成績で就職したからな! さすが俺の子!
ワハハハ
スッ…
合格したのは息子の努力の成果であり あなたは関係ありません
離婚してください
あなたがずっとずっと大嫌いでした
離婚届
×××年0月0日
離婚します
この強姦魔
ダンナさんは何も言わず 離婚届に判を押した
…つらかったなあ…
…つらいって 周りに相談してもね…
暴力振るわれて ないんだから いいじゃない って言われて…

心が1回傷つけられるのならナイフで10回刺されたほうがマシ
血が出て目に見える傷ができるもの…
椿さんあなたも
この先の人生で心を傷つけられることがあるかもしれない
ぽん
傷をなかったことにしようとする人や環境はすべて悪意で成り立っているから
悪意からは逃げてほしい
こんな歳になって再出発する私との約束よ
にこ
竹中さんは仕事を辞めたあとしばらくして再婚した
第二の人生を生きる竹中さんはとても幸せそうだった

――という人のおかげでした
痛みを可視化できなくても傷は傷なんだって…
それ以降 逆に自分の心の痛みに気づかないフリをしました
?
それはどうしてですか?
「自分の苦しみの元凶はすべて両親のせいだ」と気づいたらいけない気がしたんです
気づいてしまったら自分が壊れてしまいそうで
でも「家族だから」「親子だから」何があっても助けてくれるそう思いこんでいた時も
生きた心地がしなかった
尾添さんは大きな進歩をしていますね
?
親のせいで人生が壊れても「家族だから」「親子だから」と
親元から離れることも虐待を受けていたと認めることができない人もいるんです
親子
虐待
子供
Parent
HOME
family

開き直るのではなく
つらかった過去に
向き合っていくことで
過去のできごと
当時の自分の気持ちを
受け止めることが
トラウマ治療において
最も重要なことです
つらい
くるしい
親のせいで傷を負っても
自分に向き合って
自分のために生きていくことは
とても大事なことですよ
自分のため…
元凶は
親にあると
疑いはじめたのも
高校生の頃
私が広《こう》汎《はん》性《せい》発《はっ》達《たつ》障《しょう》害《がい》と
学習障害と診断された時
両親は
治るんだろ?
恥ずかしいから
人前に出るな
私の障害を理解しなかった
でも 家に軟禁されていた間も
彼らなりに愛してくれていると
信じようとしていた
愛情

けれど両親が本気で私を飼い殺そうとしていることに気づいた時
愛されていなかったことを認めたそれは心のどこかでずっと感じていたことだった
今までの自分の気持ちに気づいたから逃げ出すことができた
親元から逃げたことで自分の気持ちを肯定することができた気がします
そうだと思います
治療を行っていくうえで自己肯定はとても大切です
今までつらかった分自分を認めて褒めてくださいね
はい

第4章

どうして毒親は生まれるのか

～アズミ～

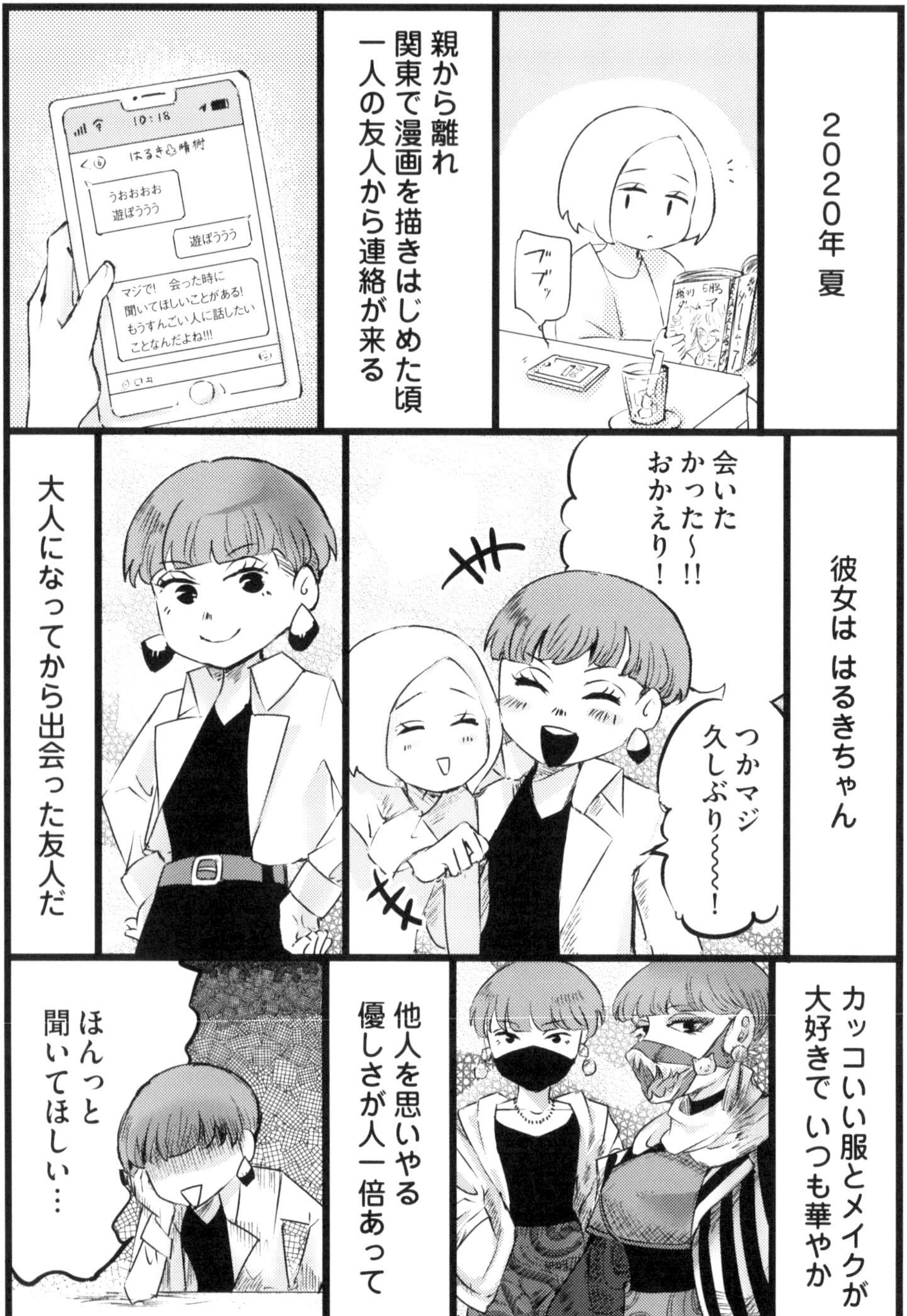

2020年 夏
ブブッ
親から離れ 関東で漫画を描きはじめた頃 一人の友人から連絡が来る
10:18
はるき晴樹
うおおおお 遊ぼううう
遊ぼううう
マジで! 会った時に 聞いてほしいことがある! もうすんごい人に話したい ことなんだよね!!!
彼女は はるきちゃん
つかマジ 久しぶり〜〜〜!
会いたかった〜!! おかえり!
大人になってから出会った友人だ
カッコいい服とメイクが 大好きで いつも華やか
他人を思いやる 優しさが人一倍あって
ほんっと 聞いてほしい…

自分自身が大変でも落ち着いて周りを見ていて
も〜〜〜耐えられなかった
椿、アズミさんのこと覚えてる?
虐待やネグレクトを見すごせない性格だ
アズミさん!お懐かしネーム
アズミさんがどうしたの?
それがさぁ
アズミさんは私とはるきちゃん共通の「元」知人
子どもを3人抱える主婦で
非常に明るい性格で親しみのある女性だった
アズミさんは父、母、祖母、兄、アズミさんという5人の家庭で育った

小学校低学年の時に
祖母が亡くなり
監視の目がゆるんだ時――
ドゃぁぁぁ
ひっく
バタ
バタ
バタ
兄から性暴力を受ける
何してんの？
ビクッ
……
はぁはぁ
……
……
スッ
パタン…
おかあさん…
ひっく
お父さん お兄ちゃんが
へんなことするの
……
オヤジに
注意された！
お前言ったろ！
ゴッ
ゴッ
ゴッ
暴力と性暴力はアズミさんに
初潮が来るまで続き

うちよく兄貴に犯されててさー
あるある〜 あたしんち オヤジの せいで 母さん おかしく なってさ〜
コレ母さんにやられた歯〜
中学生になると夜遊びに明け暮れるようになった
ホテル
声をかけてきた男性に ごはんや寝る場所を確保して もらって その日暮らしの 生活をしていた頃
兄は上京し 交際相手と同棲 後に結婚した
お兄ちゃん結婚するかもって! アズミも結婚式行くわよね?
行かない
何? まだ お兄ちゃんに いたずらされたこと 根に持ってるの?
もういいじゃない あんたの お兄ちゃん なんだから 忘れて楽しく 生きればいいのよ
この電話が母親との最後の会話になった
死ね クソババア
家には戻らず 男性の元に 転がりこみ 生活を始めた
PNP

アズミさんが縁を切ってまもなく
母親が覚せい剤で逮捕
家出少女だったアズミさんは
児童養護施設へ入所した
ぱく…
ぱくっ
きゃい
きゃい
同じ年頃の女の子がいるのは嬉しいな…
一切やっていなかった
勉強をしてみると
英語と数学は良い成績を取り
中学英語 全国一斉試験
100
98
英語
アズミさんの自信につながった
英語は本当に良い成績だね でも他の教科の成績と総合すると あなたの学力じゃ高校は厳しいね
パラ
パラ
中学3年 五教科成績
中学英語Ⅲ
*高校受験に落ちたら施設を出ていってもらいます
中学卒業後
住みこみのバイトを始めるが
3カ月もしないうちに辞める
の郷

＊16歳以上で学生ではない児童は、入所対象から外れる施設もある。

その日暮らしを再開し
妊娠
できちゃった婚をした
アズミさんは16歳で初出産
その後2人を産んで
5人家族となった
はるきちゃんとアズミさんは
趣味の映画を通して
ネットで知り合っていた
DiSCORD
2人が仲良くなるにつれ
私も話の輪に混じることが
増えて
DiSCORD
高校を卒業し
家に軟禁されていた私は
アズミさんと話すことが
多くなった

アズミさんの人生を
聞いて
A.zumi
今は3人も
子育てしてる
なんてすごいな
と思っていたが
明日
はるきちゃんと
電話するんだ！
時間あったら
椿ちゃんも
話そうよ
どうも
椿です
LINEでは
話してたけど
電話は初だね！
椿ちゃん
よろしく！
ギャーママー
アズミさんは
子どもの世話を
してはいなかった
今の声
何？
うちの
子たち～

もーうるさい
静かにして
ぷか
ぷか
うーるーさーいー
って言ってんだろ！
うーるーさーいー!!!
ごめん ちょっと
子どもら
黙らせてくる！
いつも
こんな感じ
だったの…？
子どもが昼間に
そろったのは
今日が初めて…
自主休講
いつも夜に
電話してるから…
おまたせー
ごめんな子どもら
うっさくて！
いえいえ
大丈夫です

はるきちゃん今度
観光に来るんでしょ
ホテル決まった？
まだです
映画宝
ムービー
うちに泊まりに
来ていいよ！
子どもも喜ぶし！
にこ
ぷか
あいつら
秒で散らかすし
うるさいけど
あっこれ
子どもの写真！
泊まりにきた妹に
遊んで〜って下の子が
くっついて
離れないの見て
ウケた〜
まぁうちは
絶対
嫌だけどな
ところで
はるきちゃん
いつ来るん？
ぽん
考えておきます
はるきちゃんも
椿ちゃんも
うちの大事な
友だちやからな！
いつでも
遊びにおいでよ〜
案内する！
うち 家族仲
いいんだよね！
うちが子育てで
うつになってさ 昼夜逆転してて
ダンナが喘息もちだから
家事できるの子どもたちでー
……
朝飯 子どもたちで作って
ほんと偉いな！って思う
……

来月 推しのライブあるから
仕事詰めこんだし大変だよ
ベラ
ベラ
ベラ
ベラ
時間なくてさー
主婦の在宅バイト
しかできないし
オタクと仕事を両立して
それに子どもの世話で
病んだから～
今は自分のお金を
自由に使えて～
ベラ
バイト代で推しに
全額貢げるし
オタ活はかどってる！
推しグッズは
自分へのご褒美！
ベラ
うちが
うつになったのって
推しのおっかけを
やめたのがきっかけだし
子どもといると
時間とられるからさ～
趣味に生きて
いたいよ～
ビキッ
ベラ
家事も育児も
掃除も料理も
どれか1個やっただけで
時間なくなるよ！
はぁ～
ベラ
ベラ
でもパソコンに向かって
電話しながら
絵描いてるってことは
育児する時間は
作れますよね？

私に他の人みたいな完璧を求めないで！
ハイ
その日以来私とアズミさんは連絡を取っていない
強烈すぎて5年以上経過した今でも覚えてるわー…
あの人つい最近SNSで炎上して
＊それがきっかけで児相が動いたってさ
コ◯ケの原稿で忙しいのに長男が死んでた! 葬式と原稿期間がかぶって最悪! 本が間に合わないかも…
長男がいじめられていたのは気づいてたけど学校は行かないといけないじゃん
学校が嫌ってくらいで死ぬほうが弱いんだよ
私は学校行くフリしてホスト行ってたし自由にすればよかったのに
長男の代わりに犬を迎えました! かわいいトイプードルです
炎上

＊児相＝児童相談所。

ハァ〜〜〜〜
アズミさんは明るくて
話してて楽しい人だったけど
自分がつらい体験を
したからって
周りに迷惑かけて
いいわけないじゃん
はるきちゃんは家庭問題に敏感だ
アズミさんが自分の問題を
見なかったことで
負の連鎖が続いて
毒親になったんだと思う
くり返しちゃ
いけないいんだよ
あヘルパーさん
から電話だ
ごめん出るね
ガタッ
はるきちゃんも
特殊な家庭環境で
育った
私と生育環境が
似ているけれど
彼女は別の選択をした

第5章

毒親の子として

~はるき~

はるきちゃんと私は共通点が多い
ファッション
メイク大好き
かわいいもの大好き
絵《イラスト》《まんが》を描く
趣味《しゅみ》
映画鑑賞・音楽鑑賞
共通点が多すぎてドッペルゲンガーかと疑われた
歳の差結婚の両親
一人っ子
親の外面はとてもいい
親の内面は余裕がない
虐待家庭育ち
椿に会うまでは自分のことをあまり話さなかったけど
自分のことを認めたら周りもよく見えるようになったよ
彼女は普段のふるまいから壮絶な生い立ちを感じさせない
はるきちゃんは中国で生まれた
生後3カ月で父親の暮らす日本に移住し家族3人で暮らしはじめた

はるきちゃん
かわいいね
ママが毎日遊んで
あげるからね
大好きよ
はるきちゃん
ママ!
あーそぼ!
くわっ
うるさい!!
まとわりつくな
このクソガキが!!
物心がつく前から
いつ爆発するか
わからない母親と過ごし
ケロッ
はるきちゃん
テレビおもしろいわよ〜
一緒に見ようよ〜
にこ
にこ
にこ
うわあああああ
仕事から帰ってきた父の
うしろに隠れる日々だった
?

おはよう
今日はママの機嫌がいい
ワイ ワイ
中国語で何かわめく
ただいまー
ゴッ
翌日
今日 お父さんもお母さんもいないからカギ持ってかなきゃいけないんだった！
カギ忘れて戻ってきたの？
ごめんなさい
どうしてママの言うことがきけないの！土下座しろ！
ごめんなさい…ごめんなさい…
うわーん
うわー

部屋を片付けろ!
ドゴ
わぁっ
ばんっ
母が気分で怒りくるう時は
スリッパ、ほうきの柄、
ピアノの楽譜など
色々なものでたたかれた
ごめんなさい
ごめんなさい
うわああああん
なんではるきを
なぐるんだ!
やめろって!
だって
その子が
なぐるのも
たたくのも
ダメだ!
はるきは
子どもだぞ!?
ギリ
ふーっ
ふーっ
暴れる母を押さえこむ父
父が仕事でいない時は
ひたすら母の暴力に耐える
はるきちゃんが
小学5年になるまで
毎日続いた

もういいっ
中国に帰る！
お父さんもはるきも
知らないっ！
RIP
RIP
RIP
よっしゃ！
暴力のない家に
なる！
はるきちゃん
にこ
にこ
ママと一緒に中国へ
行くわよね？
にこ
にこ
え？
行かない
えっ…
はるきちゃん…
Mumble
Mumble
Mumble
Pant
Pant
お母さんね
人格が良くないの
お医者さまにも言われた…
はるきちゃんをなぐりたくて
なぐってるわけじゃないの…
Sniffle…
Sniffle…

母親が生まれたのは
文化大革命最中の中国
はるきちゃんに優しく
できないママを
許して
どうすればいいか
わからないの
精神疾患を発症しても
不思議ではない
環境と社会で育った
母親が謝ったのは
あとにも先にも
この時だけだった
ぐすっ…
ひっく…
ママかわいそう…
だけど…
私がママにどなられたり
なぐられたりしなきゃ
いけないのはどうして？
中国に連れていかれ
日本人学校に入学
北京
帰郷した母の暴力は
エスカレートした

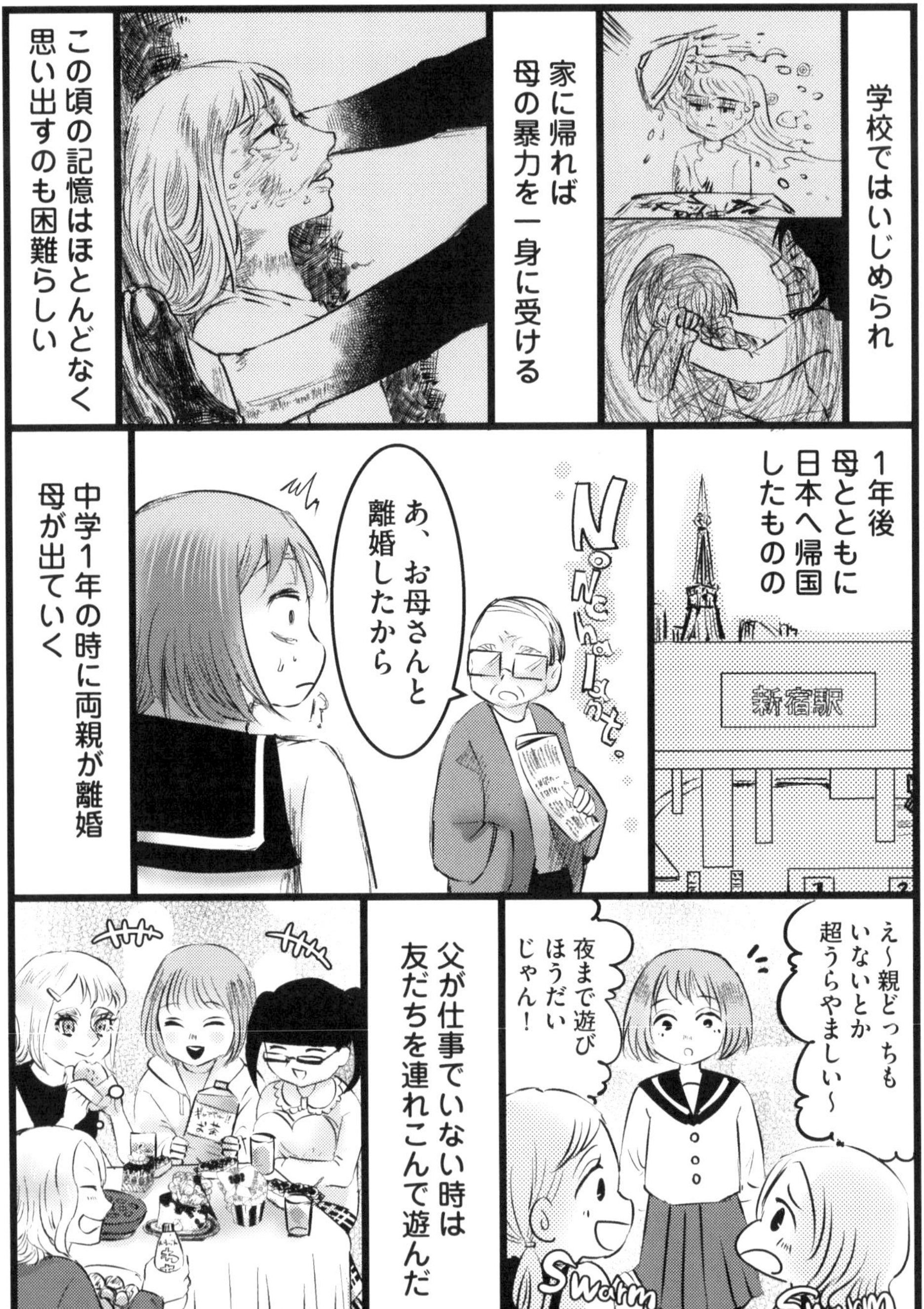
学校ではいじめられ
家に帰れば
母の暴力を一身に受ける
この頃の記憶はほとんどなく
思い出すのも困難らしい
1年後
母とともに
日本へ帰国
したものの
新宿駅
あ、お母さんと
離婚したから
中学1年の時に両親が離婚
母が出ていく
え〜親どっちも
いないとか
超うらやましい〜
夜まで遊び
ほうだい
じゃん!
父が仕事でいない時は
友だちを連れこんで遊んだ

母がいなくなり順風満帆だと思った生活は
高校1年の時に異変が生じる
来年くらいにお母さん来るから
え？
!?
アメリカで結婚したけど愛がなくて嫌だからって
お父さんと再婚するんだ
父の言葉に違和感を覚えたはるきちゃんは
父のパソコンでメールをこっそり見た
アメリカではビジネスの結婚をしました。
2年たったら離婚して日本に戻ってあなたと再婚します。
姉や弟たちのグリーンカードのために弁護士を通して結婚しました。いつか日本に戻ります。
帰ってきていいよ。また家族になろう。俺もはるきも嬉しいよ。
母の身勝手さとそれを受けとめる父の倫理観にあきれた

ママとの再婚なんてどうしてするの？
私 毎日ママになぐられたりどなられたりして生活してたんだよ
ええ!? 毎日!? どうして言わないんだ！
言っても注意するのはその場だけじゃん
パパが仕事でいない時ママの機嫌でけられたりしてた
そんなことになってたなんて知らなかった
ごめんな お父さんがもっとママとはるきのことを気にかけていれば…
Panic
Panic
私がなぐられてるのを見て何度も止めたよね…？
ママが暴れてもパパは放置して部屋に戻るだけだったこともあったよね…？
パパ 何言ってるの？
中国だって本当は行きたくなかった
ええ!? あの時はお母さんから「はるきも行きたがってる」って聞いたぞ!?

それは私に確認しろよ
父への不信感が大きくなりはじめた頃
Toxic Parents
TOXIC PARENTS
毒になる親
DR. SUSAN FORWARD
目黒女児虐待事件
トラウマ・ケア
母がしんどい
「毒親」という言葉を知った
ママは毒親だ… でもああなったのは当時の社会のせい
パパは… なぐられてる私をかばったりしてくれる
はるきんち お父さん定年しても働いてるってほんと?
うん パパと私 50歳離れてるんだ
歳いってて生まれた子ならすごく大事にされてそう うらやましい!
パパは違う
毒親じゃない
…よね?
はるきちゃ〜ん
大学2年の冬 母は日本へやってきた

はるきちゃん ママがなんでも 買ってあげる
にこ
にこ
このブランドの美容液と服はどう？欲しいでしょ？
欲しいでしょ？
えっ
いらないのか!?
せっかく買ってあげるって言ってるのに！
欲しい…
これくださーい
久しぶりの我が家ね！
いやあああぁ 部屋が汚いいいっ
なんでママの部屋掃除しないの！ クローゼットの中がホコリまみれ！ 何年も汚れたから床にシミがある！ どうして!!
離婚した人が戻ってくると思わないじゃん
掃除する！
と言って 母は家を破壊しはじめた

やばいやばい どうにかしなきゃ
これ さっきママに 買ってもらった服！ 似合うかな？
口ごたえするな！
欲しいって言ったから 買ってあげたのよ！ 似合うかどうかなんて 知らない！
うわああああ 破壊が 止まらない
バキ
どうにかしなきゃ
ママ 見て見て！
中国にいた時 ママが私に買ってくれた 香水ちゃんと使ってるよ！
毎日学校につけて 行ってるんだよ！

どうせ使ってないんだろ！せっかく買ってやったのに！
ひどい！
使わないならこうしてやる！
使わないあんたのために壊してあげたの！
だからあんたが片付けろ！
どうした？検査入院中だからあまり話せないぞ
お母さんが家に来て…机とかイスとか投げてる…
もう嫌だ…

もうあんな人間と一緒にいたくない
ぼろ
ぼろ
ぼろ
ぼろ
はるき そう言ったってなあ
お父さん 01:26
お前のお母さんなんだから我慢しなさい
…どうして日本に戻ってきたの？
アメリカでの結婚はビジネスだったから
パパとなんのために再婚するの？
余計なことを言うな！
ギリッ

どうしてパパと結婚したの？
……
さあね なんでだろうね
あの年寄りとなんで結婚したんだろうね
sigh…
ママ… なんで私を産んだの？
はるきはできたから産んだだけよ
なんで産んだかなんて覚えてない
この家 汚い！ホテルに泊まる！

はるきちゃんが
成人する直前の出来事だった
ほどなくして 再婚せずに
母は出ていった
ママ はるきちゃんと
会えなくなるの悲しい
強くなるから！
はるきちゃんのために
泣かないから！
ぐっ
2
会うことは
もうない
気が
楽になった
母がいなくなるのは2回目
戻らないとわかっていた
す…
…っ
ストレス源がいなくなり
精神的負荷が軽くなった
はるきちゃんは
抑えていた
欲求を解放させて
いった

他人よりも自分を大事にする
親の顔色をうかがわない
自分の感情を殺さない
「普通」のことができてなかった
大学を卒業し企業に勤めることになっても
一人暮らし!? そんなのパパが心配じゃないか
……
はるきちゃんが一人暮らしなんてできないよ～ だって今までパパと暮らしてただろ?
父と二人暮らしだった
ごはん作ったよ
8時には帰ってないと会社に電話する
パパはなママと離婚したからはるきちゃんがいなかったら本当に寂しいんだよ
はるきちゃんがつらい時はパパがいつだってそばにいただろう?
※いない
……

恩着せがましい
寂しく
弱く
愚かな老人め！
引っ越し資金
貯めよう
わく
わく
一人暮らしの
物件見つけた！
内見に行こう
レディースマンション
ヤダヤダ！
パパはヤダ！
パパが死ぬまで
一緒に暮らして
ほしい！
ヤダ
ヤダ
ヤダ
パパが
家事全部やるから…
家にいればお金も貯まるし
はるきも幸せだろ？
ブチッ
私の幸せは
私が決めるんだよーーー！
バーン
実家
うおおォ
オオオオ
就職先でキャリアを積みながら
一人暮らしを始めた矢先
いえーーーい

父が入院
介護が必要になった
少しでも
引っ越しが遅かったら
あの家で介護生活か…
親に邪魔されて
キャリア潰したくない
はるきの…
実家を出るという
間違った選択を
やめさせたい…
看護師さん
父を老人ホームに
今すぐにでも
入居させたいです
母がやるべきだった手続きを
すべてはるきちゃんがやって
父は生きていた
お父さんが死ぬまで
一緒に暮らしてほしい
見舞いに来て
やったくらいで
調子に乗るな
クソジジイ

ごめん
電話終わった
Tap
お父さん
大丈夫そう？
末期がんなのに
しぶといん
だよなあ
ち――――ん
あ～～～～～
国営の
老人ホームが
あればいい
のに～～～
めんど
くさい
はるきちゃん
優しいよね
お父さんの面倒も
放り投げることが
できたかも
しれないのに
………
一人っ子で
親が高齢だと
「かわいがられた
でしょう」って
言われるのが
当たり前で
怒ってない時の
母親は優しかったし
母親からなぐられている
私を守ってた父親は
ヒーローに見えてた

それが母親と父親の本当の姿だって思ってた
親が「普通」じゃないと思いたくなかった
周りも自分も虐待されていると気づかないまま大人になってから虐待を自覚して
もっと早く「親から離れる」選択をすれば親を介護しなくてよかったかもしれない……
母親のヒステリーと人格障害がすごかったから悪いのは母親だ！ってずっと思ってたけど
大人になって父親もモラハラってわかって家庭が「普通」からかけ離れてるって気づいた
違和感を受け入れることができなくなるから「家族だから」って洗脳は怖いよね
にぱ。

お父さんの面倒な手続きはまだ続くけど…
若い時期を親の介護で無駄にしたくないからすべてプロに任せる
MY LIFE
結婚も出産も絶対にしたくない
自分の両親とのけじめがついたら自由に生きるんだ
つらい過去だけが人生じゃないし先のことを考えながら人生設計するのが楽しいんだよね！
はるきちゃんはつらい状況でも前向きだ
これおいしい～
つらく苦しく痛い体験と環境がはるきちゃんを強くさせたのかもしれない
けれど そんな環境は絶対に必要ない

それでも
自分には未来があると
気づいた瞬間から
解毒は始まる
オッ
買いモンのあと
ココ行こーっ
行く!!!
新宿←→銀座
吉祥寺
親を見放さないという
私とは違う選択をした
はるきちゃん
彼女の笑顔を見たくて
私も一緒に解毒中だ
2021年 初春
はるきちゃんの
許可も出たし
ネームを
完成させよっと
あれ
はるきちゃんから
ビデオ通話
聞いて
椿!!
どうしたの?

お父さん ついに亡くなった!
バラ色の人生始まったよ!
おめでとう 本当にお疲れさま!
人の死を喜ぶことは 不謹慎なのかもしれない でも彼女は そうせずにはいられない 過去を生きてきた
私は ようやく自由な 未来を手にしたはるきちゃんを これからも友だちとして 支えたいと思う

第6章

苦しみを抱えた子

~セナ~

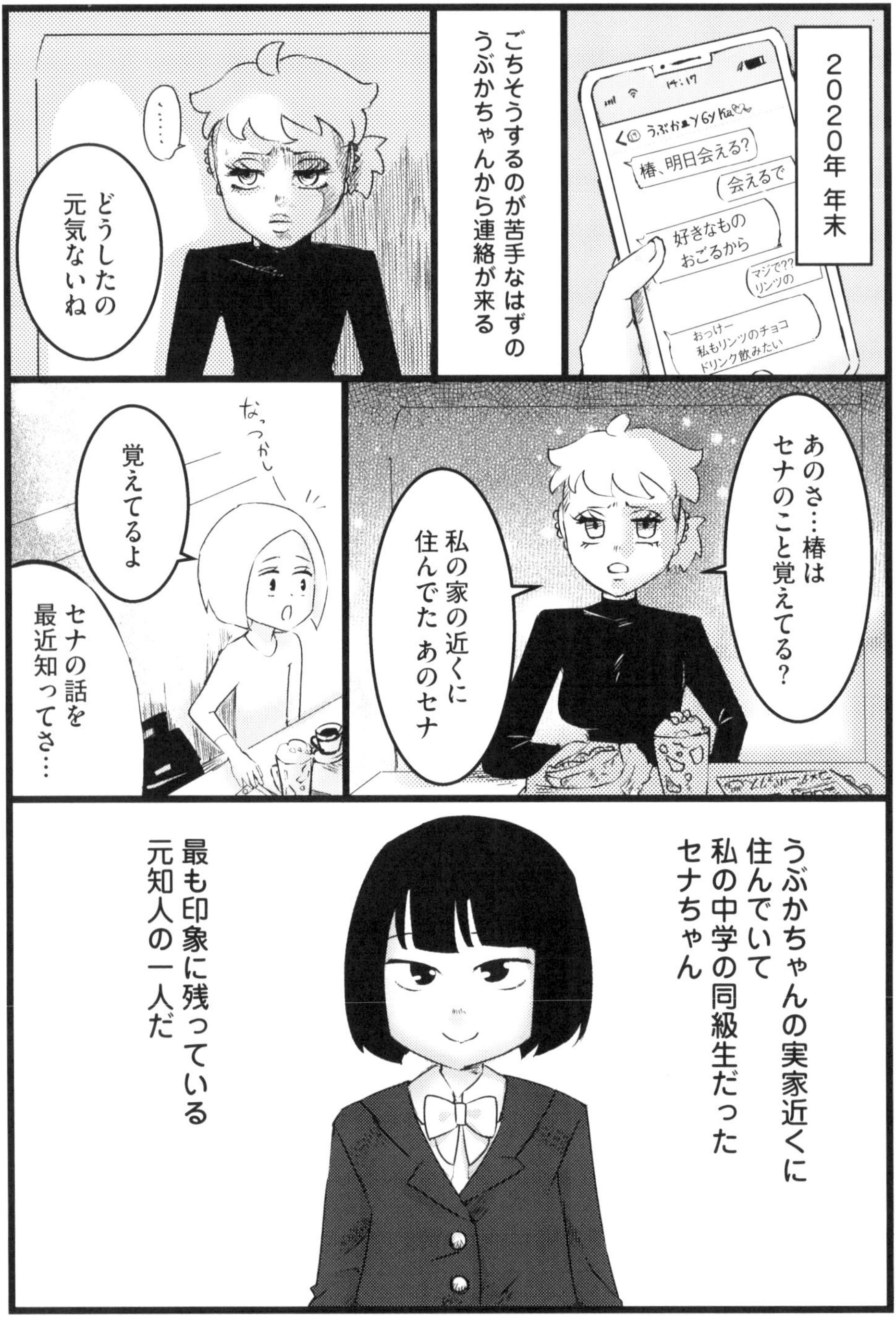
2020年 年末
椿、明日会える?
会えるで
好きなもの おごるから
マジで?? リンツの
おっけー 私もリンツのチョコ ドリンク飲みたい
ごちそうするのが苦手なはずの うぶかちゃんから連絡が来る
……
どうしたの 元気ないね
あのさ…椿は セナのこと覚えてる?
私の家の近くに 住んでた あのセナ
なつかし
覚えてるよ
セナの話を 最近知ってさ…
うぶかちゃんの実家近くに 住んでいて 私の中学の同級生だった セナちゃん
最も印象に残っている 元知人の一人だ

セナちゃんは
この前貸した本
もう読んだ？
どーーん
あれ友だちに
あげたから
うちは持ってない
なんだァ？
てめェ……
日直
1-5
クラス日誌
明るくて元気なところが
私は好きだったけど
とにかく性格が悪かった
ねえ今度
お泊まり会
しよ！
いいよ!!
きゃい
きゃい
クラスメートの家に
頻繁に泊まりこんでは
勝手にモノを持ち帰ったり
借りたものを他人にあげたり
中古品販売店に売ったり
同級生の親の財布から
お金を抜きとるなど
犯罪まがいの行為を
くり返していた
生活反省文
セナ 17:00までに謝罪文
3000文字
放課後はたいがい 生活指導室か
クラスメートの家

この前はごめん
アイスおごるから
許して
おいしー
もぐもぐ
…まあ本は
戻ってきたから
いいけど…
借りたものは
ちゃんと返すこと！
そうしたらアイス
おごることも
ないいんだから
うん…
アイスをおごって
くれたのも
私への罪悪感からでしょ
そういう感情なしで
仲良くしていくのが
友だちだよね
そうだね
中学1年の冬
セナちゃんは
体調を崩して入院した
退院後
イスを投げる 叫ぶ
先生になぐりかかるなど
奇行が目立ちはじめ
以前よりも
煙たがられるようになった

中学2年の夏休み
!?
セナちゃんは突然家にやってきた
明らかにケンカしたあとだった
セナあんたいったい何があったの？
学校では荒れてるし今もケガ…
なんでもない!!
…椿はさ….
罪悪感ってどういう時にわく…？
セナちゃんは私を信じて話してくれた

セナちゃんは
実母、養父との
3人暮らし
ガチャ
ただいま～
おかえり～
お母さんは趣味に没頭する
日々だったらしい
養父は
5歳の時にセナちゃんが
現れてから
仲良しだった
ひざの上に座れ
ぽん
ぽん
お父さん
セナはもう
子どもじゃない
んだから～
セナは
いい子だな
…おしりに何か
当たってる…
母さんが描いた
漫画読んだこと
ある？
ある

でもこれ男同士のエッチだよね
ニヤ
ニヤ
母さんはすごいぞ
こういうの父さんにもしてくれる
…へぇ…
ぞ……
興味ないことはないだろう?
母さんが趣味でエッチな漫画を描くくらいなんだから…なあ?
ハァ
ハァ
セナはしたことあるのか? クラスの男子とはどうなんだ
おっぱいも大きくなってきたな
ハァ
もう○ん○んなめた?
ハァ
性的虐待は中学1年生の初夏から始まった
中学1年の冬
妊娠3カ月で堕胎手術のため入院
セナちゃんは「誰の子かわからない」で通した
あんたねえ遊びまわってんじゃないわよ!
妊娠までして!
決まった時間に帰らなかったら閉めだすからね!
ギャー
いてぇよクソババア
ギャー

堕胎手術後
セナちゃんはふさぎこみ
自然と口数が減った
今日は外食にしよう
セナも来い
やだ
何その言い方!
あんたやっぱり
お父さんのこと
嫌いなんでしょ!
あんたが入院した時
お金出してくれたの
お父さんよ!
血はつながってないけど
この人はあなたを
育ててくれたお父さんよ!
ぞくっ
なんくるないさ〜
家族が大変な時こそ
団結しなきゃ
石垣島
島人
家族で旅行に
行きましょう!
お母さんは家庭の異変に
まったく気づかなかった

それで…これ…
沖縄のお土産…
お願い…
今日椿んちに
泊めて…
帰りたくない…
お父さんを
通報する
いやだやめて
絶対だめ！
母さんにまで
嫌な思い
させたくない!!!
ガタッ
親も好きで
一緒になったんだからさ
私がそれを邪魔したら
今度こそ
捨てられちゃう
ぼろ
ぼろ
はっ
はっ
ギュッ

母さん…私が1歳の時に
離婚して…
全然笑わない人だった
私が5歳の時
ようやく
再婚して
笑ってた…
私のせいで
離婚になったら
罪悪感がすごいよ
耐えられない
ひっ
ぼろ
ぼろ
ひっ
でも
ぐすっ
ひっく
どうして私が
苦しいの
セナちゃんはその日
泊まっていった
…1日だけだよ
ぐずっ
ひっぐっ

うちハタチになったら家を出るのが夢
椿は？
絵を描く人になりたいけど
まずは故郷の関東に戻りたい
東京で暮らしたら教えてよ！近所に住むから！
そんで毎日アキバと原宿行こ！
てか椿めっちゃ絵うまいもんな
漫画とか描いたりしないの？
つかうちも実は絵描くんだよね
は!? めっちゃうまいじゃん！
しゅばば
ばばばっ
もっと描いて!!!
オッケー!!
夜通し絵を描きあって遊んだ
盗まれたものはなかった

夏休み明け
尾添さん セナちゃんの 新しい家わかる? プリント届けて ほしいんだけど
え?
引っ越したの?
うん
うちだけが おばあちゃんの家に 引っ越したの
は?
椿…… 今から会える?
うん
指定された公園に向かうと 少しだけ雰囲気が変わった セナちゃんがいた
椿んちに泊まった 次の日さあ 母さんと ケンカになって 言っちゃった
「お父さんとの 子どもだった」 って
NORTH

そしたら父さんが うちの学費と生活費も 含めた慰謝料を置いて どっか消えてさ
母さんが お金たくさん もらってて…
苗字が 変わって
高校進学の お金もあるから おばあちゃんちから 通えって…
…納得いかないよね？
うん
椿はわかってくれると 思ってた
スッ
さっき 漫画とゲーム取りに 家に帰ったんだよね
部屋にあるもの 全部持ってきたくて リュック 背負ってきたのに
のび〜〜っ
母さんが うちの部屋で 知らない男とヤってた

うちの
今日の予定
何かわかる？
わから
ない
にこっ
絶対
教えない！
翌日 セナちゃんは
万引きで補導された
セナ補導
って聞いた？
先週セナが
レアで10万する
DVD貸してくれた
んだけど…
は!?
セナがうちから
借りたやつじゃん
ありえない
あいつに
2万貸してんだけど
学校来ねーじゃん？
家行ったら 母親に
いないって言われた
……
盗癖がエスカレートし
さらに自分勝手な行動をする
セナちゃんとは
すぐ疎遠になった
中学3年になったばかりの
ある日——
誰か先生
呼んでー！
セナが教室
ぶっ壊して
暴れてる！
ザワッ
……
うわっ
キャー

おいコラ
どうなってん
だぁ!!
ガタ
ガタ
ガタ
セナお前！
何したか
わかってん
のか！
ブル
ブル
ブル
大丈夫か!?
お父さん来ないでお父さん来ないで
お父さん来ないでお父さん来ないで
ごめんなさいごめんなさい
ごめんなさいごめんなさい
はーっ
はーっ
ガタ
ガタ
ガタ
この日以来 セナちゃんが
学校に来ることはなかった

…………
それで セナが どうかしたの？
セナ 死んだって
…いつ？
去年
病気とかじゃないみたい…
きのう 共通の知人から 聞いて知った
葬式も してない って…

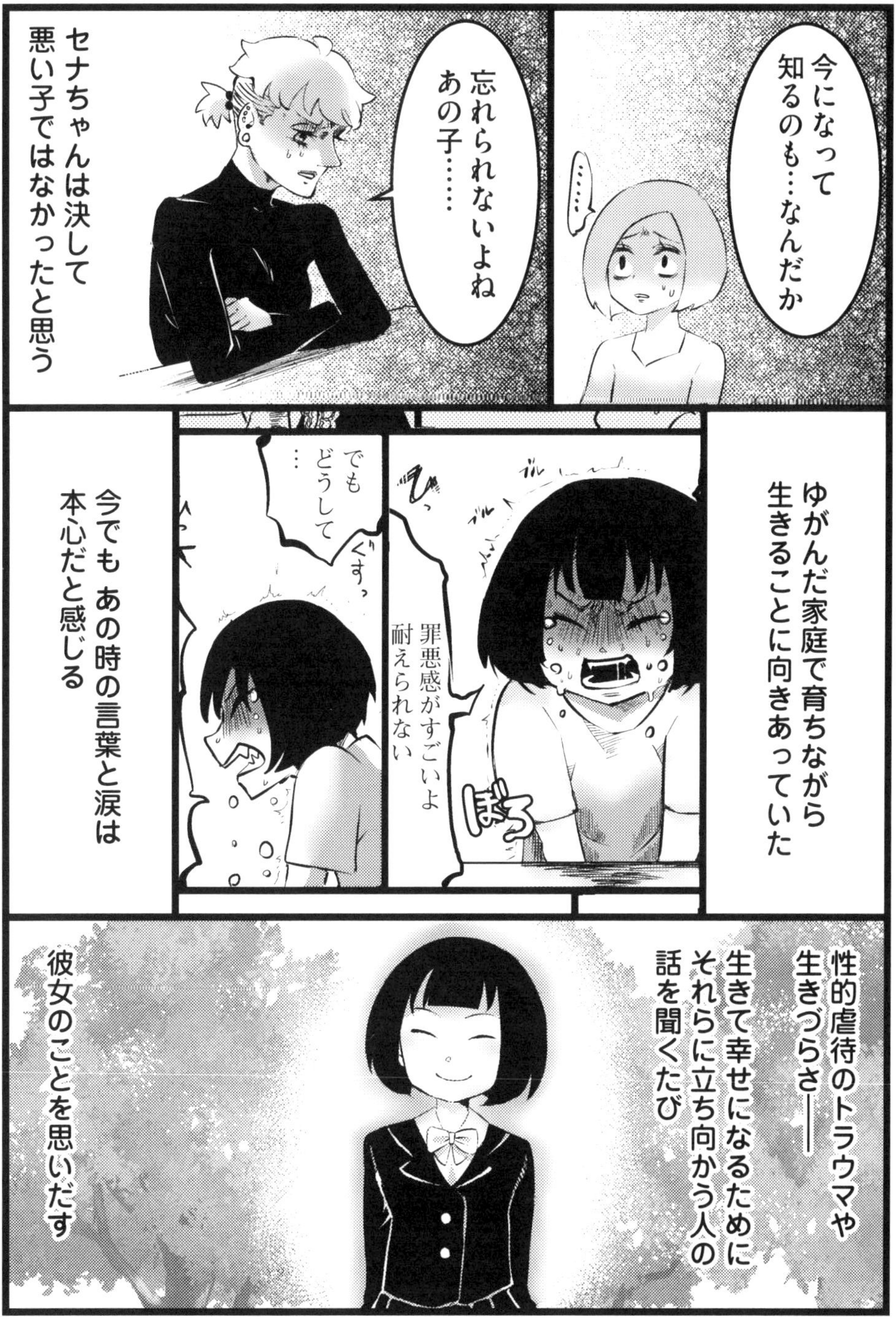
今になって
知るのも…なんだか
……
忘れられないよね
あの子……
セナちゃんは決して
悪い子ではなかったと思う
ゆがんだ家庭で育ちながら
生きることに向きあっていた
ブル
ブル
びっ
罪悪感がすごいよ
耐えられない
ぼろ
でも
どうして
…
ぐすっ
今でも あの時の言葉と涙は
本心だと感じる
性的虐待のトラウマや
生きづらさ――
生きて幸せになるために
それらに立ち向かう人の
話を聞くたび
彼女のことを思いだす

第7章

毒親と生きる

~谷瀬~

2021年 2月
前作『生きるために毒親から逃げました。』の献本が届きお世話になった人に送る
中学のスクールカウンセラー
馴染みの心理士さん
一番読んでほしい人は連絡先がわからず関係者の方に託した
もう1冊は谷瀬《やせ》さんに渡してください
…と
谷瀬さん元気かな…
ぬーーん
通っていたクリニックに勤めていた心理士 谷瀬さんは私自身に初めて向き合ってくれた人
あなたは親の期待のために生まれたんじゃない
あなたは一人の人間なの
あの会話がなければ私は今も家で飼われたままだったと思う
ピロン♪
同年春 連絡がつく
谷瀬
クリニックの心理士さんから
本を受け取りました！
今は別の病院に勤務してます。
胸を張って生きてるわね！
嬉しいです。
どばーっ
名前を見た瞬間 嬉しすぎて悲鳴を上げて号泣した

椿が元気そうでよかった
いえいえ谷瀬さんは最近どうですか？
少し前に母を亡くしてね
幼い頃からずっとつらくても泣かずに生きてきたんだけどね…
なんのために生きていくんだろう？って思うことが増えたの
親から離れるまでとてもお世話になった谷瀬さん
連絡が取れるようになった私は時間をかけて彼女の人生を聞くことにした

谷瀬さんは
北日本の地方都市郊外に
生まれた
お母さん
何してるの
母は早くに 統合失調症を発症
ものの浅漬けの位置をね
お父さんが漬けていったの
幻覚症状と無関心状態があり
会話が成り立ちづらく
子どもを見ていても
視線が合わなかった
母は結婚し父の戸籍に
入っていたものの
夫婦だけで子どもを育てるのは
難しく 母の祖父母と同居
その頃 父は優しかったけれど
母の言動を受け入れられず
休日になると自分の実家に
一人で帰っていった

幼い谷瀬さんを養育した祖父母は
あの子 なんで子どもなんか産んだんだろう育てられないわあんなんじゃ…
ヒソ
ヒソ
父に何も言わず 何もせず谷瀬さんの母でもある実の娘を悪く言うだけだった
それに 子どももあの子と一緒かもしれないよ早く病院に入れなよ
兄弟である叔父叔母まで差別的な態度で接した
こんな人たち大嫌い
いつの間にか谷瀬さんの前から母は消えて祖父母が叔父家族と叔母家族を家に呼びよせた
あなたはこんなのいらないよね？
祖母は 父に買ってもらった文房具を従兄弟に勝手に与えていった

あなたはね 従兄弟たちとは違うの だから我慢しなくちゃ いけないの
わかるでしょ？
スッ
お母さんは どこ行ったの？
お母さんはね ちょっと…
と言葉をにごして いつも 話をしてくれない人たちだった
校入学式
私は望まれない 子どもだったんだ…
小学校に入学すると 母が家に戻っている日が 増えた
お母さん 見て見て 私 学校で先生に ほめられたよ
そう
お母さん 聞いて聞いて 私ね 好きな 男の子がいるんだ
お母さん 参観日だって
そう
そう
統合失調症の陰性症状の真っただ中 無関心・自閉状態の母から 返ってくる言葉は乾いた返事ばかり
お母さん 見て見て 作文がほめられたの
そう

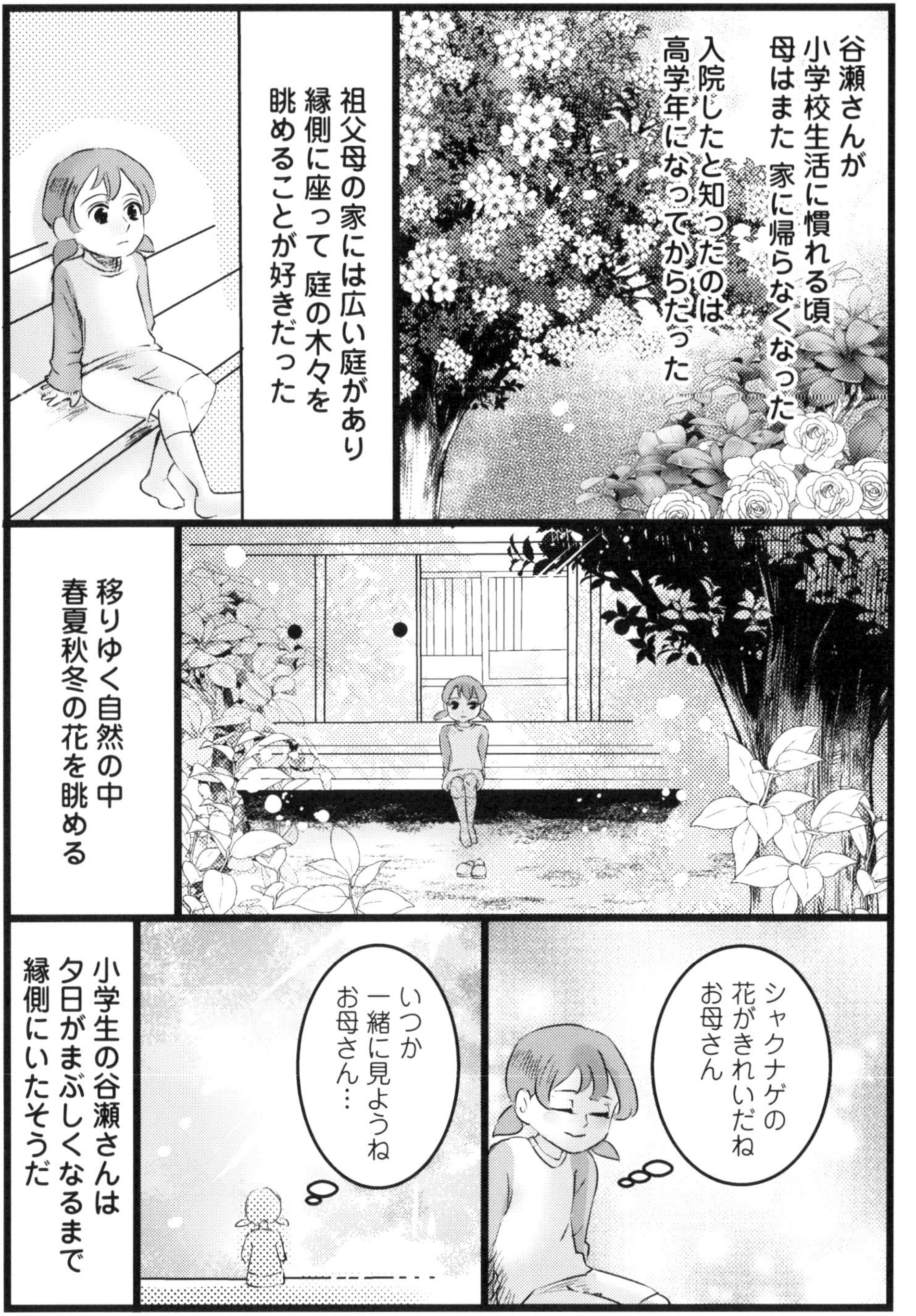
谷瀬さんが小学校生活に慣れる頃 母はまた 家に帰らなくなった
入院したと知ったのは高学年になってからだった
祖父母の家には広い庭があり縁側に座って 庭の木々を眺めることが好きだった
移りゆく自然の中春夏秋冬の花を眺める
シャクナゲの花がきれいだねお母さん
いつか一緒に見ようねお母さん…
小学生の谷瀬さんは夕日がまぶしくなるまで縁側にいたそうだ

父との思い出は
1枚の写真だけだった
父は54歳という若さで
肝臓がんで亡くなったけれど
ずっと谷瀬さんのことを
心配していた
社会人野球のキャッチャーで
野球ファン
瓶ビールを手酌でコップにつぎ
くわえたタバコの煙を
うまそうに吐き
一人で嬉しそうに
野球観戦をしていた
父が実家に
行ってしまうのを
引き留めるように
いつもそばにいた
父の部屋で見る野球の
内容はわからない
けれど谷瀬さんは笑って
聴いていた
滅多なことで
笑わない父が笑っている
それだけで幸せだった

父方の祖父母や叔母は
母方の親族と変わらず
かわいそうな家族と
言っていた
母さんの病気には
振り回されるな
自分の人生を生きろ
谷瀬さんが中学2年生になる頃
3人でアパートに引っ越した
しかし 治療を自己中断した母は
近所に被害妄想を抱き
市内で2回転居
賃貸物件には住めなくなり
建売住宅を購入
これでもう
大丈夫
谷瀬さんは高校まで
バレーボール部に所属
学生生活を謳歌した

谷瀬さんが反抗期の中
父はよく
経済的な心配はするな
娘にお金の心配をさせるのは親失格だからそうさせないでくれ
ふーん
意味は深く考えなかった
父が年々体調を崩していくことも
父の体調が悪化して正社員として働くことができなくなり工事現場に転職したことも
私も働きたい
無理をするな
いやだ働く！
同じ現場なら精神的に調子が悪くてもなんとかなる
俺がそばにいるから一緒に働こう
この頃から 父と母は本当の夫婦になったように見えたという
母の中で 父と一緒に働く力が出てきたのは奇跡かもしれない
谷瀬
周囲の反対を押し切ってあの子を産んでよかった

あの子は どう思ってるか わからない
でも 私とあなたが すごく幸せ
谷瀬さんは 自分が愛されていることに 気づけなかった
…
父も母も持っていない 運転免許を取って 中古車を購入
運転免許証
お父さんやお母さん みたいに大変な人生 なんて嫌だ
父の健康は年々 明らかに悪化していった
谷瀬さんは 親の苦労から逃げ 当時付き合っていた男に 向かっていった
高卒で就職も決まった でも社会人になることが どうでもよく
内定
やりたい仕事も 生き方もなかった という

昭和の社会は辛辣《しんらつ》で谷瀬さんは人間が嫌いになった
ヒソ
お母さんが精神科に入院したことあるんだって
ヒソ
谷瀬さんも絶対普通じゃないよ
親族から見放される親持ってる人とは関わりたくないよねー…
ヒソ
履歴書に書いてある住所は本当？そのあたりで奇行が絶えない中年女性の噂があるんだけど…
社内会議
ヒソ
聞いた？谷瀬さんの親お父さん病気でお母さんが…
ヒソ
うるせえな
ゴミバコ
就職して4年後の冬父が緊急入院
看護師は谷瀬さんと母が見舞う病室に消臭剤を置いていった
トイレの消臭剤
業務用消臭
無臭.殺菌効果実感
すっ
トイレの消臭剤
私と母の目の前に平気で置いていくなよ
父は入院して1週間後に亡くなった

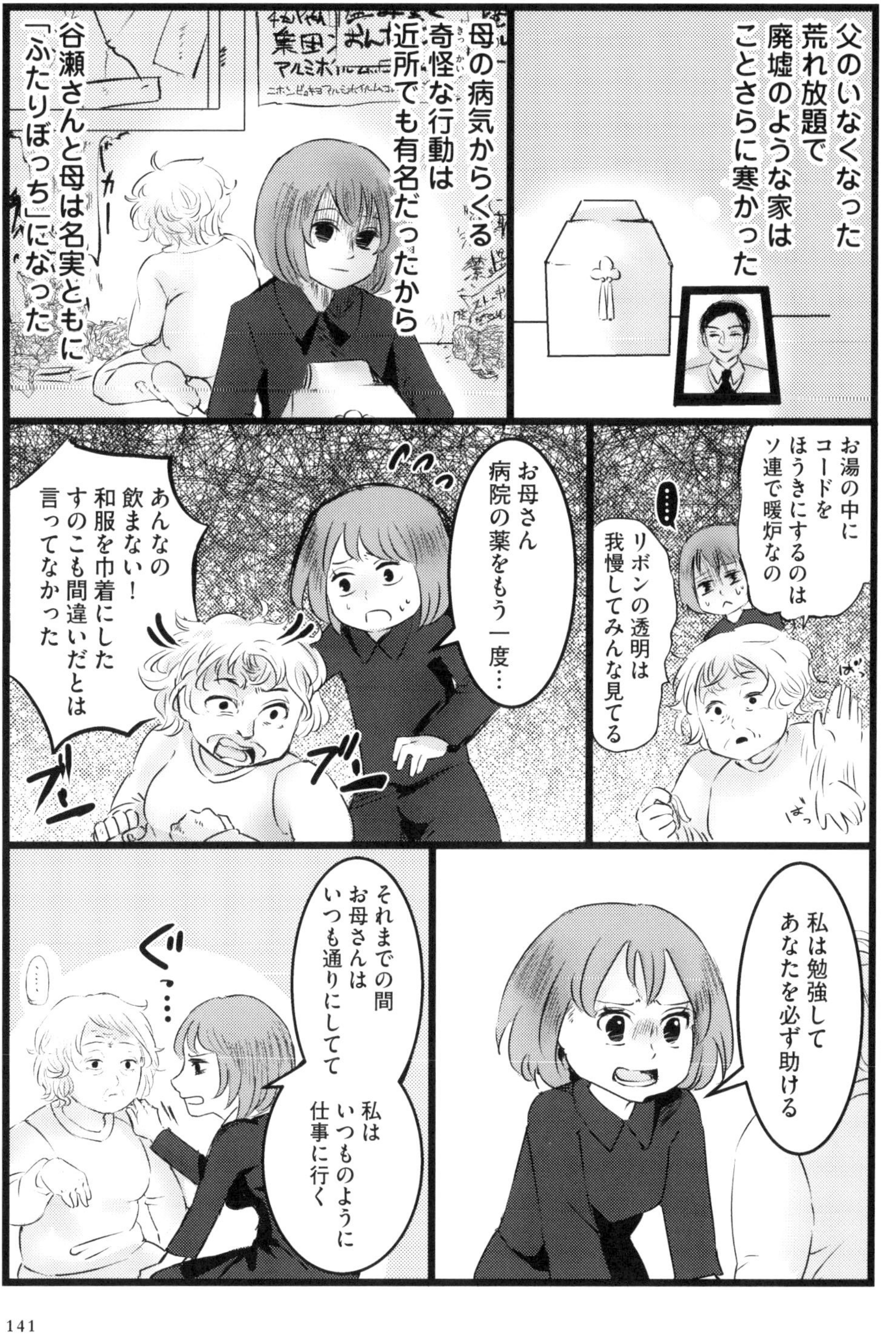
父のいなくなった
荒れ放題で
廃墟のような家は
ことさらに寒かった
母の病気からくる
奇怪《きっかい》な行動は
近所でも有名だったから
谷瀬さんと母は名実ともに
「ふたりぼっち」になった
お湯の中に
コードを
ほうきにするのは
ソ連で暖炉なの
……
リボンの透明は
我慢してみんな見てる
ぱっ
ぱっ
お母さん
病院の薬をもう一度…
あんなの
飲まない！
和服を巾着にした
すのこも間違いだとは
言ってなかった
ブンー
ブンー
私は勉強して
あなたを必ず助ける
それまでの間
お母さんは
いつも通りにしてて
私は
いつものように
仕事に行く
ぐっ…
……

私はあなたを守ってみせる
普段 意思疎通しない母と父の遺骨の前で会話した
……
私はあなたの娘だから
お父さんの願いだと思うから
ポロ ポロ
ひっく
ポロ
ひっく
ポロ
ポロ
ギュッ
私のむすめ

意思の疎通ができない母が
娘を愛していることに
ようやく気づいた
母を守っていく
世間と社会と戦っていく
父の遺骨の前で
泣きじゃくる母を抱きしめ
谷瀬さんはそう誓った
母のために勉強し
合格
全国心理士認定試験
新たに心かよう男性もでき
彼と生きていこうと
思うようになる
複数の資格を取得し
医療ソーシャルワーカー
として
勤務を開始した頃
中央総合病院
神経精神科
SW
②

……
交際相手は医師で
父が故人だということも
母が統合失調症だということも
承知の上で求婚してくれた
結婚しよう
親に挨拶したい
お母さん私の彼氏よ
はじめまして娘さんとお付き合いしています
ペこ
……
ペラ
ペラ
この人となら母さんを支えられる
実家から出た男性は 開口一番
あのさぁ言いにくいんだけど
俺と結婚するなら「アレ」とは縁を切れよ

お前の母親なんて
口もきけねえ怪物じゃん
お腹の子も
お前の母親みたいに
ならない保証
どこにもねえよな
彼は本心から
母の病気に理解がある
わけではなかった
谷瀬さんは
堕胎手術を受け
交際相手と別れ
手術中
独りで生きていく
ことを決めた
谷瀬
学生時代からの友だちや
幼なじみに支えられ
仕事と私生活を両立させ
すごしていった
SW
40代になった
ある日――
なんか
体調が…
ゴフ
ズキ
SW

検査の結果ですが…
SLEです
SLEとは――
全身性エリテマトーデス
という膠原病《こうげんびょう》の一種
体のさまざまな場所に
症状を引き起こす
原因不明の難病
関節・皮膚・臓器・中枢神経などに
発熱・炎症などの症状が現れる
独りで生きると
決意した谷瀬さんを
許さないように
自身の難病は追い打ちをかけた
ゲホ
ゲホ
疲労を自覚する前に
数々の不調が襲いかかり
起きているのも困難になり
疲労
不定期にやってくる
ひどい関節炎も
谷瀬さんを苦しめた
フルタイムでの勤務が
難しくなり
病院から依願退職を求められ
職場を転々とした
依願退職書
中央総合病院 人事課

自宅で自己免疫注射を
打てるようになる頃
幼なじみの女性が
シェア生活を持ちかけ
長期休養を取ったり
勤務したり
自分のペースで生活が
送れるようになった
その心
笑ってる
落としてない
母は認知症を患い
病院から出られなくなった
自由が
欲しい
歳を重ねるごとに
そう思うようになる自分を
後ろめたく思った
警察は監視
するための
犯罪組織で…
ねえ
おみまい
ありがとう
それでも
後悔はなかった

勤務時間が終わる5時すぎに
毎日 母が入院している
個室を見舞う
お母さん
元気？
今日の体調は
どう？
病院食がね
先月の森の…
統合失調症と認知症を
患う母とは
ごく普通の会話を
あまりしたことがない
意思の疎通ができない
母との不器用な
会話をしながら
母は86歳
娘は56歳になっていた
またね
…さよなら
プルルルルル
プルルルルル
もぐ
もぐ
谷瀬です
…え？
母が危篤だと告げられ
大急ぎでタクシーに乗った

微笑んでいるように見える
母に治療はもう必要ない
死亡診断書
遺族として死亡診断書を受け取った瞬間から涙がとまらなくなった
泣けない人生だったのにひたすら泣けた
前の自分とは違って人間らしくなったと自覚した
でも失った時は戻らない前に進むこともできない

なんのために生きてきたんだろう
谷瀬さん この本知ってますか？
「生きるために毒親から逃げました。」って漫画で〜〜
…なんかこの話聞いたことがあるぞ？
私に？何かしら
ゆうびん
でーす
お久しぶりです！エッセイ漫画出しました 谷瀬さんも出てます
あの椿か
谷瀬さんへ
あの時谷瀬さんと会話してなかったら私はあのままでした
「私は生きています。モノじゃありません。私を見てください。」
…あれだけ思いを手紙に書ける人が簡単に終わるわけないよな…

そうして 私と谷瀬さんは
連絡を取り合う仲になった
谷瀬です 本を読んだよー と…
ポチー
ほんとびっくりしたわ 家庭環境に問題がある後輩や 病院の看護師とか みんな あんたの本買ってんだもの ちらっと読んで まさかとは思ってたけど…
不思議なものだね 人生って
いやあ本当に… 私はただの患者 だったのに 連絡くれて
私は患者だと 思ってなかったよ
本当は自分のことで 精一杯なのに それを隠して笑顔でいて
他人に気を使って 自分のことを二の次にしてる 私も似たようなところが あるからね
昔の自分みたいな子が 目の前に現れて
他人事に思え なかったのよ

私は 母が亡くなってから
生きる意味を考えだして
虚無に包まれていたら
あんたから連絡があった
しっかり過去と向き合って
生きてる椿を見て
生きる希望がわいたの
椿に会えてよかった
どば
漫画描いて
よかった
ですううう
あんたはもう〜
よく泣くねえ〜
子どもの負担にしかならない
親になってしまった
谷瀬さんのお母さんは
事情を知らない人から見れば
毒親でしかない

一方で 彼女は
病に理解のない毒親の
被害者でもあった
わたしの むすめ
「望まれない子ども」だった
谷瀬さんは
それでも 親族や世間から
差別された母を守り抜いた
大事な人を守る選択が
自分の支えになる
その在り方もまた
間違っていないと思う

第8章

自分の幸せ

～椿～

通院、治療を開始して1年が経ちました
Smile
Smile
尾添さんは短期間でかなり良くなっています
本当ですか
Beam
つらい体験を乗り越えるために 自分自身が過去の自分の気持ちをどれだけ受け止めることができているかが重要です
「治そう」という本人の意思が一番大事なんです
最近 何か気づいたことはありますか?
……
そうですね…
人がなぐられるのを見て楽しいと感じてしまうことに思い当たることがあって

パニックになって
髪の毛をむしり取る
幼い私を見て
両親は
笑ってたんです
くるしい かなしい
つらい 泣くのは
ちがうの？
わらえばいいの？
そう思うしか
なかったんだと思います
それは
何歳ぐらいの
出来事ですか？
3歳
くらい
そう思いこんだおかげで
つらい出来事があっても
一度笑って流してから
考えるようになったので
HAHAHA
ケガの功名
なんですかね
silence...

それは二次障害です
Secondary Effect
ケガ、病気、障害などの一次的問題から発展して起こるもので
吃音《きつおん》
場合緘黙《ばめんかんもく》
自閉スペクトラム症
(アスペルガー、ADHDなど)
一次的問題
Problem
特性への理解や環境調整で生きやすくなるはずのことがなされず
おはなしノート
おはようございます!
筆談
得意分野の学習
全国1位
優勝
周囲や親の無理解で生きづらく いじめられたり自己肯定感が低下したりして
不登校、引きこもりうつ病や家庭内暴力自傷行為など心身ともに不調を引き起こすことを二次障害と呼びます

尾添さんの「人がなぐられているのを見ると楽しいと感じる」ことも
親の無理解 特に発達障害への理解のなさが 暴力性の活性につながったのだと思います
親の無理解…
自分の暴力性についても気づいたことがあって
私も痛みを理解せず「おもしろいこと」と認識してしまったことが理由じゃないかと感じています
一番印象に残っているのが母の幼少期の話で
私のお姉ちゃんがヘビとかカエルをストーブで焼いててね
なんでお姉ちゃんこんなことするの!?
怖いから
アハハハハハハ
※お見せできません

って言ったのよ
それはない
でしょー
って！
マハハハハ
とてもじゃないけど笑えない話を
楽しそうに話す母を見て
痛い話は
笑うんだ
と思いました
おぼえた!!
自分の暴力性には…
遺伝や環境要因が
大きいことも原因では
ないかと気づきました
お母さんのお姉さんも
怖いけれど
お母さんも怖いですね
はい
ぞっ…
親…特に母が
私に障害が判明して以降
私が何かミスをすると…
私は言って聞かせれば
わかるからって
言葉でしつけて育てたけど
お父さんはなぐって
育てるべき
だって
言ってた
結局あんた
頭が働かないし
なぐってしつけた
ほうが良かったかも
しれないわね

生まれつき足がない人を
なぐり続ければ
全力で走れるようになるの？
そうじゃないでしょ
あんた どこも悪くないし
五体満足で産んであげたのに
障害者なんかと
同じにならない！
言わなければ障害なんて
わからないんだから
人に絶対言わないこと
…と
よく言ってきて
悲しいと感じる前に
あきらめの気持ちが
先に来ていました
両親に対して
今はどういう
感情を抱きますか？
ぐぬぬ
ぬぬ
そうですね…

家を出る前は親に無茶を言われたり嫌なことをされたりしても「親なりに愛してくれているはず」
私が生活面で苦労しているのを見て罵倒されても「家族だから守ってくれているはず」と思っていましたが
今はそう思うことは一切なくなって
親のせいで傷ついたことを放置してはいけない
虐待の後遺症にまみれた自分がどうすれば生きやすくなるか
それだけを考えています
いい兆候です
親の存在より自分に向き合うことのほうに目を向けられるのは前に進んでいる証拠です
親は脅威ではなく人生の通過点
NOT 脅威
HOME
子どもに対してやるべきことをしない親は切り捨てていいんです
MY LIFE
通過点

同居しろ
結婚しろ
孫はまだか
介護のために地元に戻れ
仕事を辞め老後の面倒を
子どもでも一人の人間であることに変わりはないので親の幸せを中心に考える必要もありません
じぶんのしあわせ
大事なのは自分の幸せです
自分の幸せが一番大事…か
家を継げ 婿《むこ》をとれ 墓と苗字と血を守れ
あの言葉が大きな足かせになっていた
本家
墓
一族
血
婿
家を守ったって自分をないがしろにされてたらなんの意味もない
世界を作るのは一人一人の人間なんだ
生きること自体に意味はあるのだろうけれど

それ以上に生きる意味を自分で見つけられるから人生は素晴らしいんだ
カラン
うぶかちゃん待った？
さっき来たばっかだよ
うぇい
うぇい
最近どう？
ち〜ん
この前FB《フェイスブック》経由で母親から突然連絡が来てさぁ
「毎日お祈りは欠かさずしているか」なんて聞いてきたんだよね
アメリカにいた頃は親に連れられて教会に行ってたけど
秒でFB消した…
日本に来てからは宗教的なことは一切していないんだ
はぁ〜
なんで？

「悩みがある」って打ち明ければひと言目に「ちゃんと教会に行っているか」ですごく疲れた
どこの宗教にも神がいるけど
つらい時にさっそうと神が現れるわけじゃない
宗教熱心な人には孤独な考えって言われるけど
自分を助けるのは自分しかいない
自分から変化を求めるならいくらでも変われるチャンスがある
その時に信じるのは自分でいい
…実家にいた時は月1で墓参りに連れていかれたけど
意味あんのかって心の中でよく思ってた
死に意味を与えるのは生きている人の考えであって
葬式も墓参りも生きている人のための儀式だと気づいたのは大人になってからだった

両親は…夫婦としてはうまくいってたけど親としては最悪だった
私の病気や障害が発覚しても 目を背けて家と血と墓を大事にして…
生きている人間を大事にしない人だった
私は生きている人間を大事にしたい
生きている人間のために祈りや神は存在すると思う
じーっ
……
あれっ なんかまずいこと言ったかな
椿が良いほうに行ってよかった

高校の時の椿は「私の親は愛してくれているはずだから大丈夫」って思いこんでてて
つらいことに気づかないように頑張ってたから…
……
椿も無理してるように見えたから実はかなり心配だったんだよね
「親から逃げた」って聞いた時はほんと――に安心した
Kick HOME
Coming!!
親と長く一緒に暮らしていてもいいことない
介護、病気、束縛 相続諸々
BeeeaaaaaM

家族なんて
なくしたもん
勝ちじゃん
そう言うと
「親不孝」
って言う人
必ずいるけど
こっちは
子不孝な親が
さんざんやらかして
人生迷走者なんだよ！
ってな！
ぶふっ
わっはは
とにかくさ
椿が幸せそうで
何より
これからの人生
良いことたくさん
あるよ
好きなこと
たくさんしてほしいし
得意な絵も漫画も
たくさん描いてほしい

自分の力を
発揮できる場所を
見つけて
楽しんで生きる
のび〜〜
なーんにも
間違ってない
人生の歩み方だよ
自分に正直に
生きてるのが
一番だよね
独りで生きていた時も
つらい時も
理解を示して
黙ってそばにいて
私を支えてくれた友だちがいる
私は 私の人生を歩むために
今日も大切な人たちに
生かされている

よしこっちの作画終わったから次はネームに取りかかるぞ
ちょい
ちょい
にゃっ
ネーム中に邪魔しないで〜もうかわいいなあ
でれっ
「自分の内にあるトラウマはゆっくり治療していこう」
にゃ
にゃっ

今は自発的に
そう思える
親の支配下にあった時は
無理をするのが当たり前で
自分の幸せが何か
考えたことも
なかった
何が大事かも
わからず
自分を守ることが
できなかった

私を大事にしなかった
両親と
同じことをする
必要はない
私は私を
大事にすると決めた
両親から離れて
幸せを感じる機会が増えた
いちご
大福
それは親以上に
心を支えてくれた
人たちのおかげだ

彼らに感謝しながら
やりたいことをやって
楽しんで生きる
誰のものでもない
自分の人生を
生きていく
私たちはみな
そのために
生きているのだと思う

あとがき

前作執筆中、担当さんに「ひどい両親に育てられていたのに、あなたはどうして真っ直ぐに育ったのか」と聞かれ、私は「運よく友だちに恵まれたから」と答えました。今回のテーマを担当さんから打診され、友人の人生を描くにあたり、強くならざるを得なかった過去と彼らが負った傷を目の当たりにしました。傷の形は人それぞれ、及ぼす影響は多大なものです。主な舞台となる時期は小学校6年間、中学校3年間、高校3年間。傷ついた子どもを救うには足りなく、壊すには十分すぎる時間です。

何気ない日常の中で誰かに手を差し伸べられた時。その手は善意か悪意か、見極める力を子どもに持たせ、子ども時代よりも長い時間を生きるための力を与えていくことが、大人の責任だと思います。見極める方法を教えず、都合の悪い事実にフタをして、建前だけの家庭のために責任を放棄する大人がいる。耐え難い苦しみに気づかれず、魂の叫びに耳を傾けてもらえなかった子どもは、心を苦しめられ続ける。それは悪だと思いました。

本書は「親からひどい仕打ちを受けた人たちが、親から離れて今は笑顔で生きている話」ではありませんし「親を嫌いな子どもがいることを知ってほしい」という意図で描いた本でもありません。親孝行が子どもの務めだと自発的に思うことができない人、育ててくれた恩のせいで身動きが取れなくなっている人へ、自分の人生を歩むために背中を押す話を描きました。

苦しみと悲しみを癒やす薬は時間ではなく、生きることを諦めない心です。

愛されていないことを受け入れた過去を手に、漫画にできたことは冥利に尽きます。

本書に時間を分けてくださったこと、とても感謝しています。

最後に、私と本書に登場した友人の報告から参ります。

うぶかちゃんは翻訳業が軌道に乗り、同時通訳の現場で忙しくも充実した日々を送っています。

はるきちゃんは父の死去により喧《かまびす》しさから解放され、すごく幸せそうです。

谷瀬さんは難病と闘いながら、今も人を助けるために心療内科に勤めています。

この漫画を描いた私は、トラウマ治療をしながら漫画を描き続けています。

生まれた環境と親は自分で決められないからこそ、生き方と人生の終わりは自分で決められるしその価値があると思います。

親不孝が怖くて自分の人生を生きられないこと、理不尽を受け入れた証を抱えたまま生きるしかないこと、そんなあなたらしく生きられない場所を去る選択肢があることを知ってほしい。

あなたが記憶に傷つけられないこと、差し伸べられた手を握り返すことに脅威を感じないこと、幸せを得る権利は平等にある、そのことが潰されない環境で過ごすことを私は願います。

ありがとうございました。

ずっと漫画家を続けたいです。またどこかでご報告させていただければありがたいです。

２０２１年６月某日

尾添椿

こんな家《か》族《ぞく》なら、いらない。

コミックエッセイの森

2021年9月16日　第１刷発行

[著　者]　尾添《おぞえ》 椿《つばき》
[装　幀]　坂根 舞（井上則人デザイン事務所）
[本文DTP]　小林寛子
[編　集]　齋藤和佳
[発行人]　山中 進
[発行所]　株式会社イースト・プレス
〒101−0051
東京都千代田区神田神保町2-4-7 久月神田ビル
TEL03-5213-4700　FAX03-5213-4701
https://www.eastpress.co.jp/
[印刷所]　中央精版印刷株式会社

ISBN978-4-7816-2010-7 C0095